上海师范大学内涵建设项目
上海市教委重点学科行政管理建设项目

Yusuan Fazhi Jiqi
Lianzheng Gongneng

丛书编委会

主任 茅鼎文　秦莉萍
主编 商红日
秘书 张深远
成员 （按姓氏笔画为序）
　　　　王　宏　邓　杰　朱新光　李　亮　单冠初
　　　　张惠康　茅鼎文　洪小夏　胡志民　秦莉萍
　　　　商红日　蒋传光　蒋硕亮

公民廉洁教育丛书

预算法治及其廉政功能

王宏 高玉琢 著

北京大学出版社
PEKING UNIVERSITY PRESS

图书在版编目(CIP)数据

预算法治及其廉政功能/王宏,高玉琢著. —北京:北京大学出版社,2015.1
(公民廉洁教育丛书)
ISBN 978-7-301-25193-5

Ⅰ.①预… Ⅱ.①王…②高… Ⅲ.①预算法—研究—中国②廉政建设—研究—中国 Ⅳ.①D922.210.4 ②D630.9

中国版本图书馆 CIP 数据核字(2014)第 283663 号

书　　　名	预算法治及其廉政功能
著作责任者	王　宏　高玉琢　著
责 任 编 辑	朱梅全　杨丽明　王业龙
标 准 书 号	ISBN 978-7-301-25193-5/D·3728
出 版 发 行	北京大学出版社
地　　　址	北京市海淀区成府路 205 号　100871
网　　　址	http://www.pup.cn
电 子 信 箱	sdyy_2005@126.com
新 浪 微 博	@北京大学出版社
电　　　话	邮购部 62752015　发行部 62750672　编辑部 021-62071998
印 刷 者	北京中科印刷有限公司
经 销 者	新华书店
	965 毫米×1300 毫米　16 开本　14.75 印张　165 千字
	2015 年 1 月第 1 版　2015 年 1 月第 1 次印刷
定　　　价	49.00 元

未经许可,不得以任何方式复制或抄袭本书之部分或全部内容。
版权所有,侵权必究
举报电话: 010-62752024　电子信箱: fd@pup.pku.edu.cn
图书如有印装质量问题,请与出版部联系,电话: 010-62756370

前　言

现代国家离不开预算民主和预算政治,预算是一个关系到国家治理和政府发展的重要问题。自维尔达夫斯基等西方学者把预算问题作为一个显性的课题提出以来,公共预算研究成为政治学界、法学界、公共管理界、公共财政界的研究重点。可以说,没有预算,就没有现代国家,更谈不上现代化的国家治理。另外,治理腐败除了关注权力制约与监督之外,还应侧重从公共财政体制改革角度来寻求治理腐败之道,从政治发展高度来建设一个"预算国家",真正实现预算民主和预算公开,让专门机构和社会公众监督政府的公共预算,保证公共财政的"公共性",竭力消除腐败的发生条件。本书的写作定位即在于此。

2013年1月,习近平总书记在中纪委全会上强调,要加强对权力运行的制约和监督,把权力关进制度的笼子里,形成不敢腐的惩戒机制、不能腐的防范机制、不易腐的保障机制。廉政建设本身不只是惩罚贪腐官员,更要提高预防和惩治制度的整体有效性。党的十八大报告要求,防控廉政风险,防止利益冲突,更加科学有效地防治腐败。一个国家最大的腐败和浪费,最可能发生的领域就是财税,这是一种体制性的、披着合法外衣的腐败。当前,我国公共财政精神的"缺位"对财政预算支出产生了许多不良影响,如公共产品浪费、公款吃喝、旅游,财政支出中的违纪与腐败问题等。我国预算及公款消费中的各种顽疾久治不愈,其根本原因就在于预算及财政支出的约束不够。如果严格按照预算执行,就等于从源头上拧紧了党政机关花钱的"阀门"。

治理腐败,应重视从公共预算体制角度来寻求治理腐败之道,从政治发展高度来建设一个"预算国家",真正实现预算民主和预算公开,让专门机构和社会公众监督政府的公共预算,保证公共财政的"公共性",竭力预防和消除腐败。而如何实现对预算权力的法律控制、公共预算在廉政建设中的作用以及路径设计就成为迫切的研究要求。

公共预算本身蕴涵着反腐败的机理与机制,是一种反腐倡廉的新制度。预算国家中全体公民都能对预算实行监督,政府的所有行为都被公众看得一清二楚,再加上立法机关的控制,政府的行为便会规范合理,不合理的滥用、错用、挪用公共财政资金的行为都会得到纠正,任何与预算不符合的收支行为都是违规、违法行为。通过对预算的监督,任何不符合当年预算收支的行为都会被叫停,通过预算就能监督、规范政府的行政行为。预算中的监督和问责制度会极大地促进政府规范自身的行为,促进廉洁政府的建设。

本书以预算权为分析对象,运用权力分析方法和制度分析法综合分析了预算权力问题,重点论述了预算提案权、预算审议权的法律控制机制,特别是这些权力产生的法理基础、法律界限以及国际法律规定。同时,本书对预算法治的反腐败功能进行了探索性研究。

从总体上看,本书的意义体现在三个方面:一是结合三权分立的基本格局,详细分析了预算权的法律定位,科学梳理了预算权的法理内涵、发达国家预算的制度安排以及法学意义上的预算权,特别是对行政部门和立法部门在预算方面的作用作出详细分析,这对于了解预算权的产生、发展及其法律体系具有参考价值。二是详细分析了预算审议的权力结构和制度内容,分析了预算法治的权力规则,对于全面掌握预算审议的应然过程具有认识价值。三是探索性地分析了预算制度产生背后的治理腐败动因以及廉政功能,这对于廉洁预算研究具有参考意义。当然,本书仍存在一些不足,如对预算法治的论述基本上是静态的,过程分析和动态分析不足;本土意识和中国观念有待深入研究;对预算与政府职能转变、预算与廉政建设、预算与反腐败之间的关系论述不够深入,更没有形成体系等等。

  由于作者水平有限,加之时间仓促,疏误之处在所难免,恳请学界同行及读者批评指正。

2014 年 3 月

目 录

第一章 公共预算是一个法治问题 …………………… (1)
 第一节 公共预算的基础特征 …………………… (4)
 第二节 预算制度的政治学与法学解读 ………… (9)
  一、公共预算制度的演进 ……………………… (9)
  二、公共预算的法律概念 ……………………… (17)
  三、预算权的宪法地位：与立法权平行 ……… (19)
 第三节 预算的法治性质 ………………………… (28)
  一、预算与法治的两个历史故事 ……………… (29)
  二、公共预算制度的法治功能 ………………… (53)

第二章 预算制度可以消除腐败 …………………… (78)
 第一节 预算腐败与公共预算制度的建立 ……… (78)
  一、"特殊专款"与预算腐败 …………………… (78)
  二、"猪肉桶"腐败 ……………………………… (79)
  三、前公共预算制度时期的纽约城腐败时代 … (85)
  四、腐败催生了美国公共预算制度 …………… (87)
 第二节 预算法治将对消除腐败发挥釜底抽薪作用 … (88)

第三章 预算提案的行政属性与法律控制 ………… (92)
 第一节 预算提案权的行政权专属性 …………… (92)

            一、预算提案权的主体争议 …………………………（92）
            二、预算提案权的国外立法情况 ……………………（94）
            三、预算提案权专属行政机关 ………………………（97）
        第二节　预算资金来源的法律控制 ………………………（99）
            一、预算资金依赖于税收 ……………………………（100）
            二、预算外资金与制度外收入规范 …………………（107）
        第三节　预算支出的公共性要求 …………………………（117）
            一、政府职能的变迁要求公共预算与
                之相适应 ………………………………………（117）
            二、公共预算支出的范围 ……………………………（124）
            三、公共预算支出的任务 ……………………………（127）
            四、公共预算的任务要求我国政府转变职能 ………（136）

第四章　预算审议的立法控制 ………………………………（142）
        第一节　预算审议权归属于立法机关 ……………………（142）
            一、预算审议是民主的应有之义 ……………………（142）
            二、宪政国家的预算审议权 …………………………（144）
            三、预算审议权归属于立法机关的具体论证 ………（151）
        第二节　预算审议的制度建构 ……………………………（153）
            一、制度建设对预算审议权行使的意义 ……………（153）
            二、预算审议的政治基础 ……………………………（155）
            三、预算审议制度设计的理论标准 …………………（158）
            四、立法机关预算权的宪法规范：以美国为例 ……（162）
        第三节　预算的执行结果——决算的立法审议 …………（167）
            一、决算监督的意义 …………………………………（167）
            二、决算审议权应由立法机关行使 …………………（168）

第五章　预算审议的界限 ……………………………… (170)

第一节　立法机关的预算审议权限 ………………… (170)

一、预算科目调整权 ………………………………… (171)

二、预算减额修正权 ………………………………… (172)

三、预算增额修正权 ………………………………… (174)

四、立法机关应享有积极的预算审议权 …………… (185)

第二节　对立法机关积极预算审议权的制约 ……… (186)

一、美国总统否决权的意涵 ………………………… (187)

二、美国总统预算单项否决权的形成背景 ………… (190)

三、美国1996年单项否决法案 ……………………… (191)

四、美国单项否决法案是否违宪的争论 …………… (193)

第三节　立法机关预算审议的期限 ………………… (196)

一、预算审议期限拖延的影响及原因 ……………… (196)

二、期限内未完成预算审议的补救措施 …………… (197)

第六章　预算制度与廉政建设 ………………………… (200)

第一节　预算制度的廉政功能 ……………………… (200)

一、公共预算制度的反腐败机制 …………………… (200)

二、预算制度建设应成为廉政建设的

重要内容 ………………………………………… (204)

第二节　预算制度对廉政建设的意义 ……………… (206)

一、预算法治是经济发展、政治稳定的

重要条件 ………………………………………… (206)

二、预算国家有利于防治腐败 ……………………… (208)

三、预算国家可以有效规制政府及其

工作人员行为 …………………………………… (210)

四、预算法治能有效培养公众民主意识，
　　　　树立法治信仰 …………………………………（213）
第三节　推进预算民主，构建廉洁政府 …………………（215）
　　一、我国财政支出中的腐败原因与对策 …………（215）
　　二、防止财政支出中腐败的外国经验 ……………（217）
　　三、腐败的制约可以通过公共预算
　　　　制度来实现 ………………………………（218）
　　四、公共预算制度的反腐败的具体路径 …………（220）

第一章　公共预算是一个法治问题[①]

"法治"一词很早就出现在古书中。《晏子春秋·谏上九》云:"昔者先君桓公之地狭于今,修法治,广政教,以霸诸侯。"《淮南子·氾论训》云:"知法治所由生,则应时而变;不知法治之源,虽循古终乱。"现代意义上的法治包含两个部分,即形式意义的法治和实质意义的法治,是两者的统一体。形式意义的法治,强调"以法治国""依法办事"的治国方式、制度及其运行机制;实质意义的法治,强调"法律至上""法律主治""制约权力""保障权利"的价值、原则和精神。形式意义的法治应当体现法治的价值、原则和精神,实质意义的法治也必须通过法律的形式化制度和运行机制予以实现,两者均不可或缺。

公共预算的实质,是为现代政府管理社会事务、提供公共福利、保障国家防务、发展经济和文化等活动筹集和分配经济资源。同时,由于预算所包含的所有这些经济资源,在整个社会的经济总量中所占比重极大,因而又不可避免地使预算成为调控宏观经济的重要工具之一,在实践中发挥着促进宏观经济稳定、优化社会分

[①] 对于公共预算,一般有"政府预算"和"公共预算"等不同的提法,本书统一采用"公共预算"一词,行文中或者简称"预算"。

配制度等一系列重要作用。这种筹集和分配经济资源的活动,必须遵循法定的原则、规则和制度,尊重公众的意愿,以公开透明的方式进行。它是实施法治、推进民主的有力工具。

不同的学科领域都经常使用"预算"一词,但却很少有人能对"预算"下一个完整又没有争议的定义,几乎每一个定义都是片面而又模糊的。"概念"的确定是对理论命题进行分析的前提,就预算制度的原理分析来说,这自然也不能例外。由于预算制度是多个学科共同研究的问题,因而在不同的学科中,关于"公共预算"有不同的观点。在财政学者看来,预算只是包含支出与收入的财务计划书。德国财政学者 F. Neumark 曾给预算作了一个最简单的定义:"预算原则上是应于未来一定期间内付诸实施的支出计划,和为支应这种支出的收支计划的系统组合"①。而从公共行政的观点看,对预算的定义特别强调预算与计划之间的关系。② Tenner 称"预算是以货币数字表达的一个国家施政计划"。维尔达夫斯基(Wildavsky)曾说:"预算是政府的生命之血,其支出项目反应了政府的作为与所欲"、"预算乃政府施政目标的表现"。

公共预算的政治意义也为许多学者所重视。现代国家公共预算的意义主要在于显示政府的政策。随着民主发展与政府职能的

---

① Cf. H. Kolms, Finanzwissenschaft IV, Walter de Gruyter, 1976, S. 103. 根据这一定义, Kolms 认为公共预算具有下列特征:(1) 未来性或事前性;(2) 规则性;(3) 责任性;(4) 平衡性;(5) 系统性。

② "Budget in a plan for the accomplishment of programs related to objectives and goals within a definite time period including an estimate of resources require together with an estimate of resources available, usually compared with one or more past periods and showing future requirements." "Public budgeting is best considered in the context of the ideological culture of a nation." T. D. Lynch, Public Budgeting in America, 2nd ed., New Jersey, 1985, p. 6.

扩张,预算主要着眼于它的"政治含义",也就是预算与公共政策之间存在着密不可分的关系。① 所以,维尔达夫斯基认为,预算是为达到特定政策目标的人类行为和财务资源的结合。预算可以被认为是一种"决策机制"、一种达到特定目标的"计划"或"确保效率的工具"。同时,"预算过程是一种在政府统治环境下的人类行为现象"。"预算的规模或结构是政治生活中极富争议的主题。总统、政党、行政官员、议员、利益团体以及其他有利害关系的市民都为了使其偏好能够反映在预算中,而彼此互相竞争"。因此,"预算是政治过程的中心"。② 美国预算政治学者 Rubin 也指出:预算在对稀少资源作分配,以便对潜在目标作选择;预算也隐含着平衡性,是必要的决策过程。我国台湾地区学者黄世鑫也认为,公共预算是指一国政府在一定期间内,为完成其政治、经济和社会目的,根据国家施政方针,以国家整体资源与国民负担能力为估计基础,所预定的财政收支计划,亦即经由政治程序,所为之国家资源的分配。由此可见,预算概念既涉及不同的主体,如官员、专家、人民,也包括不同的政治目标与政策导向。政治体制不同,或者利益集团的能量大小,都在一定程度上影响着有关预算的决策,从而使预算不仅成为一个由技术官僚合理计算的专业问题,也是一个关涉人民利益的重大政治问题。

---

① "Budgeting is good reflection of actual public policy, and often a better reflection than formal speeches or written statement." H. Kolms, Finanzwissenschaft Ⅳ, Walter de Gruyter, 1976, S. 103.

② See A. Wildacsky, The Politics of the Budgetary Process, 4th ed., Boston, Toronto, 1984, pp. 3—5.

第一节 公共预算的基础特征

通过了解公共预算与私预算的不同,我们或许可以更深入理解公共预算的特性。公共预算具有一般预算的特征,但在一些重要的地方与私预算有区别。

1. 公共预算中,纳税人和预算决策者是分离的①

在一个国家中,人民负责纳税,官员决定支出;尽管部分支出项目可能并不是纳税人所希望的,但他仍然必须纳税。现代的民主政治虽然很可贵,但有时也很无奈:纳税人太多,不可能直接处理公共预算,必须委托代理人——行政官员和议会代表——来决定公共预算,由此出现官员花费的金钱不是他们自己的,而费用的埋单者却不是决定怎么花钱的人这样一种状况。但是,这两种代理人的偏好和利益未必与纳税人完全一致,官员可以将人民的金钱花费到纳税人并不情愿的支出上。即使是纳税者,因为人数众多,他们的需求往往也是五花八门,甚至是互相冲突的,很难形成一致的集体目标。所以,公共预算过程涉及在相互竞争的团体或利益之间进行协商。但无论如何,纳税人与使用者的分离要求财政支出要得到民意机关(立法机关)的支持,这是公共预算最起码的底线。

2. 公共预算可以决定支用全部社会资源

首先,公共预算与私预算在可供分配的资源总量上有很大的

---

① 参见〔美〕爱伦·鲁宾:《公共预算中的政治:收入与支出,借贷与平衡》,叶娟丽等译,中国人民大学出版社2001年版,第17页。

不同。无论家庭或者私人企业在编制预算时,都受相对固定的、可利用的资源量的约束,在短期内其收入是相对固定的,因此支出必须等于或少于收入。① 而公共预算动用资源的量非常大,在重大危机时刻,公共预算甚至可以接近它的资源上限。如二战时的美国,联邦政府借用的资源总量接近年度经济总产值,因而为了严格控制私营企业的消费,将绝大部分社会资源分配给政府,采用了配给、价格控制等一系列强制措施。在其他时期,政府只使用一小部分社会劳动力、商品和服务,而将大部分资源留给了私营部门。

3. 公共预算的信息公开要求更严格

由于是由官员而不是人民自己作出支出财政的决策,因而信息的公开性是公共预算与生俱来的重要特征,必须能够清楚地向公众解释财政是如何支出的。与私预算不同的是,公共预算文件必须是公开的,如果公民不喜欢他们所获知的预算信息或者对它一头雾水,那么公共预算就不是真正意义上的公共预算。由于预算很难说清楚,政府常常认为自己已经提供了明晰的信息,但是公众还是懵懵懂懂,所以,公共预算必须进行解释。美国参议员约翰·埃克森说:"如果预算过程要生产什么,那么它必须生产'诚实'。只有这样,美国人民才能了解和支持议会和总统……作出的决策。"② 实际上,没有这样一种对人民的诚实交代,政府就不是阳光下的政府,其行为的正当性与合理性也就会备受质疑。

4. 公共预算受到规则约束

公共预算受到严格甚至是刻板的限制,如法规的限制、政治的

---

① 当然,可以通过提高产品和工作水平或者借贷扩大可动用的资源,但是提升资源总量的机会是有限的。

② 转引自〔美〕阿伦·威尔达夫斯基:《预算过程中的新政治学(第四版)》,邓淑莲译,上海财经大学出版社2006年版,第24页。

监督、赋税的可接受性等。这些约束包括收入的目的、花费的方向、支出的时间和规则、控制赤字的要求等等。行政部门为增加机关的权力资源,企图扩张机关预算的倾向也是不言自明的。所以,代议政治的设计就是让立法部门监督行政部门的施政,握有预算审查权,以防止行政部门预算编列浮滥,置国家整体财政于不顾。

这种严格性还表现在,公共预算是建立在基金之上的,不同的账户有不同的目的。资金只能通过这些账户支出,却不能自由地在不同账户之间挪移,即使正常的转账也要求有正当的理由和明确的许可。[1] 每个账户或基金必须平衡,收入必须等于或多于支出。

5. 公共预算和私预算对于是否盈利的追求不同

私营部门的特征是利益驱动,而政府却要承担许多非营利性的事务,会给政府带来收入的行为是例外情况。[2]

在私营部门内,盈利是评估前期决策的当然指标,成功的决策是那些能够产生盈利的决策,[3]大多数私营部门的预算决策至少是与长期利润有关的。而大部分公共部门的预算却并非如此,政府

---

[1] 参见〔美〕爱伦·鲁宾:《公共预算中的政治:收入与支出,借贷与平衡》,叶娟丽等译,中国人民大学出版社2001年版,第22页。

[2] 如政府对烟草和盐的控制和销售,其本质与其他任何商业行为一样,都可以用盈余或亏损来衡量。与此类似,作为一项公共事业的供水系统的运营,以及公共交通系统,也可以进行商业模式的损益评估。但这并不意味着以上每一种行为都应该产生利润。不过,预算的编制过程仍可以作为一种商业行为进行评估,以说明补贴水平,并帮助决策者与提供直接免费服务的其他公共服务成本进行比较。

[3] 当然在私营企业内,并不是所有的预算决策都能够马上产生盈利,有时企业会放弃短期盈利。比如在价格战中,企业为了扩大市场份额,即使暂时亏损也会销售。在其他情况下,企业也可能采取其他显然无利可图的行动以对抗恶意接管——局外人通过购买大量的股票企图获取对公司财产的控制权。有时企业的主要目标是生产出好的产品,以树立良好的公共信誉,企业在追求顾客服务方面的良好信誉会带来长期的利润。

有时有意承担一些职能,而不是将它们留给私营部门。比如,公共预算决策经常涉及在一些竞争的项目之间分配资源,而这些项目很难用经济成本或经济收益来衡量。①

除了利润之外,在商业竞争中,私营企业必须把寻求经济效率和投资的最大经济回报作为自己的目标。相比较而言,政府在资源分配方面可能是低效率的,需要承担私营企业不愿提供的服务。比如,从某种意义上讲,由政府资助的公立医院的医疗服务可能是低效率的,而政府的其他项目可能会给政府提供更多的回报,但这些不能成为政府取消公立医院的理由。

6. 公共预算和私预算提供的产品不同

企业的产品几乎全用于个人和特定组织消费,而政府提供的一些服务(公共品)会产生对全社会有益的公共利益。如当国家建立起完备而覆盖全国的义务教育网络时,该网络使全体公众都从中受益。经济学家称这类产品或服务为公共品,它们在性质上具有非排他性,任何人都不能被排除在受益范围之外。当然,只有极少数公共产品和服务具有纯公共品的性质,政府提供的许多其他商品和服务也可以由私人来提供。

政府的服务具有外部性。② 公司股东享受利润所带来的收益,这种利润不会向整个社会扩散。而当一个儿童通过学校体系受到了教育,不仅该儿童受益,同时社会的生产能力也得到了提高。当然,许多私立学校教育儿童的目的是为了利润,学校的所有者也同儿童和社会一起享受利润带来的收益。但是,这些营利性的学校

---

① 比如,很难用简单的方式来衡量通过疾病控制拯救生命的成本和收益。
② 经济学上称向其他人溢出的利润为外部性。

并不情愿为不能交学费的所有儿童提供同样的教育。所以,私营部门只愿意提供可获得盈利的部分,而政府至少应该提供一些会产生强外部性的服务。①

结合上面的论述,我们可以更好地理解鲁宾斯坦对公共预算主要特征言简意赅的总结:②

(1)包括许多的参与者,而且每个参与者对预算分配要求的优先顺序都不同,对预算分配呈现的结果也有不同程度的影响力。

(2)纳税人(选民)与决定预算支出的人(政客)之间显现出一种特征。政客可强制人民纳税并把钱花在他们必要的支出上,但人民可以用投票表决的方式将政客逐出他们的办公室。

(3)预算书代表着另一种重要的意义,即代表政府部门所承担的责任。

(4)公共预算常受外部的影响而显得多变难料,可能因为选举、经济情势、公共舆论的转变、突发的灾难或政治的动荡而调整。

(5)公共预算亦受到相当的限制,虽有内在的机制使其足以应付突发的状况,但许多的公共预算要求决策者必须作出立即的控制。

必须指出的是,上述关于预算特征的定位,更多的是从公共行政的角度对预算所进行的分析。虽然其中也间接涉及政治与法律

---

① 我们不能简单明确地定义出什么东西在本质上是公共的,或者确定什么产品不能由私营部门提供。传统理论认为市场不能实现公共产品的有效供给,所以需要政府介入,但是实践中政府全面垄断公共产品、直接提供公共产品的方式,不仅导致公共产品供给的低效率,也带来了财政危机。财政资金的压力使得民营化成为愈来愈热闹的话题和实践,传统上被认为是纯公共性的服务变为私营服务,或者变为在合同基础上由私营企业提供的公共服务。

② 参见〔加〕奥斯本、〔美〕鲁宾斯坦:《博弈论教程》,魏玉根译,中国社会科学出版社2000年版,第231页。

问题,但未能就预算应当蕴涵的核心理念进行详尽的探讨。为此,需要就公共预算的政治学和法学定位进行分析。

第二节 预算制度的政治学与法学解读

从词源上说,"预算"一词的由来充满偶然性,据传15世纪英国财政大臣出席议会报告财政收支状况时,习惯将财政收支计划资料放在一个皮囊(budget)内带到议会去对财政法案进行说明。久而久之,人们逐渐将"budget"一词赋予今天我们所说的"预算"意义。以下我们即从预算制度的沿革说起。

一、公共预算制度的演进

现代意义上的公共预算制度起源于19世纪初期。从历史上看,英、法、美等主要资本主义国家所形成的预算制度,主要是为了使政府能向议会负责,从而保障国库资源不被滥用。当然,这一演变的过程是复杂而漫长的,其间充满着激烈的政治抗争。[1]

(一)预算制度的起源

在阐述预算制度的起源之前,让我们先来解释什么叫预算制度。关于"制度"一词,美国《韦氏大辞典》的定义是:就许多性质相同而各自独立的事务中,根据实际经验加以合理和科学的调整,使之成为一个有组织、有力量的体系,提示人们处理同一事件时一种

---

[1] 如果说预算制度是现代宪政制度的核心内容之一,那么,这一过程正如美国学者麦基文所指出的那样,从中世纪的宪政到现代宪政的转型,是一场声势浩大的"宪法革命":"在经历了绝望漫长的努力,泼洒无尽鲜血,耗费巨额财富后,法律最终战胜了意志"。参见〔美〕C.H.麦基文:《宪政古今》,翟小波译,贵州人民出版社2004年版,第78页。

遵行的大道。以此为基础,可以对预算制度进行如下定义:预算制度是预算期间内有关财物收支计划筹划、审议、执行与考核等事项的作业规范与程序。

现代预算制度的建立,发轫于代议制政治的兴起。在封建时代,虽然一定意义上也存在着国家预算制度,但充其量只是为专制君主的财务需求服务而已。在"朕即国家"的年代,"溥天之下,莫非王土;率土之滨,莫非王臣"。天下、国家都是君主的私有财产,因此,这时的所谓"预算",只不过是君主如何对私囊之物加以分配的形式而已。

现代意义上的公共预算制度源起于英国。英国素来被称为宪政制度的故乡,早在封建时代,人民就取得了对"政府钱袋"的控制权。所谓钱袋的控制权,即政府的财源从何而来必须由人民及其代表说了算,这实际上就是预算观念的萌芽。1215年,当时的英国贵族成员、教士和一些中产阶级人士联合起来,强迫约翰王签署了《大宪章》,其中第12条规定,无全国公意许可,不得征收"兵役免除税"或"贡金",确立了英王征税必须获得议会的同意这一原则,首开人民监督政府收支的先河,也是预算观念发轫的第一步。不过,尽管《大宪章》规定英国议会具有征税同意权,但却没有规定议会对于英王征税后所得到的收入如何支用加以控制和约束的权力。直到1688年光荣革命发生后,英国议会于1689年通过《权利法案》,规定政府支用公款须经过议会批准,从此英国议会对于政府收入(岁入)与支出(岁出)都可以加以干预。

北美原为英国的殖民地,美国的独立战争发端于北美十三个殖民地人民抗缴"茶叶税",并最终以武装革命的方式建立了新国家,这是典型的"纳税人革命"。1787年,美国制定了世界上第一部成文宪法,其中第1条第7款第1项明确规定,征税法案应由众议院提出,参议院可以提议修正,这在法律上确立了美国议会的议决财政权。法国18世纪末爆发大革命,革命期间发布的《人权与公民权宣言》第13条明确规定:"为了武装力量的维持和行政管理的支出,公共赋税必不可少;赋税应在全体公民之间按其能力作平等的分摊。"这条规定确定了赋税的必要性原则,即人民有纳税的义务;但也同时规定了税负的平等分摊原则,有利于防止国家的横征暴敛。

总之,随着资产阶级革命的胜利与资产阶级宪政制度的建立,一方面确立了个人免受国家干涉的自由和私法自治原则;另一方面则确立了强制性的财政收入必须经代表人民的议会(立法机关)同意,即"财政议会主义"。① 而在实定法上(包括宪法、行政法和财政法),则以预算审议方式来对国家财政进行民主管理与民主监督。时至今日,财税预算权已成为立法机关最主要的权力之一,与立法权相辅相成。实际上,就议会制度本身的发展而言,预算权的取得甚至先于立法权的获得——"英国议会制度,本因讨论课税而产生"。② 大致说来,现代预算制度的基本原理大多根据英国议会确立的"金钱法案"三原理而设定:国家岁入应经议会同意;国家岁出应经议会审议;国家岁入岁出应由议会逐年审议。

(二)公共预算制度的发展

到了20世纪,随着民主政治的发展和政治势力重心的转移,政府财政预算逐渐成为总统(行政部门)与议会(立法机关)之间政治

---

① 参见许志雄等:《现代宪法论》,元照出版公司1999年版,第346页。
② 参见王世杰、钱端升:《比较宪法》,中国政法大学出版社1997年版,第224页。

权力斗争的中心,其意义和实质内涵有了很大改变。尤其是20世纪初,一方面民主政治制度已渐臻成熟,另一方面政府职能逐渐膨胀、公共支出日趋庞大,这使得预算的性质与政府的角色有了大幅度的转变。大体上说,公共预算的功能趋于多样化,而且由消极转为积极,内容更加充实。与之同步,预算制度不仅是民主政治的工具,更成为形成经济政策与有效资源配置的利器。

在1920年《预算与会计法案》通过前,美国实际上仅存在所谓的议会预算(Congressional Budgets),这是根据美国《宪法》授权议会掌握预算权所致。① 在20世纪初的美国进步时代,预算决策沿袭新英格兰镇民会议传统。美国在1921年以前的议会预算,就是承袭这一传统,强调的是公民参与,通过公证会方式说明预算需求。

随着政治权力的分化,美国行政部门成为国家资本的代表,而议会成为区域、地方资本的代表,两个部门之间逐渐产生利益冲突。这种利益冲突促使行政部门热切盼望将预算转换成国家经济计划的工具。为了形成政府权力对经济发展的主导权,行政部门开始认识到必须确保财务的控制权,因此进行了一连串的预算改革。② 美国政府在1921年进行了第一个预算改革,授权行政首长(总统)负责编制与执行预算,称之为"行政预算制度",美国预算的

---

① 美国《宪法》第1条第7款第1项规定:"一切征税的法案必须由众议院提出"。第1条第8款规定,议会的权力有:"规定并征收直接税、间接税、输入税、消费税,以偿付国债,增进国防,以及建立公益";"以合众国的信用借贷款项";"铸造货币"。在第9款也规定:"除依法律规定的经费外,不得从国库拨款";"一切公款的收支账目及定期报告书应时常公布"等。

② 塔夫脱总统在1909年上任后,有另一股保守思潮兴起,批判公民参与预算缺乏效率,主张由政治精英,特别是由总统负责预算编制。

编制权也由立法机关移转至行政机关。① 行政预算制度使会计记录和事后审计的实施非常便利,因其简便易行,被世界各国普遍采用。

从世界范围而言,预算控制权的转移是20世纪各国政府一连串改革措施中集中行政权的做法之一。行政预算产生的背景是利益团体不断向议会进行游说,由此导致预算规模不断扩大,进而产生连续的预算赤字,这反而使行政部门凭借这个理由提出行政预算的设计,以作为向议会夺取预算权的借口。至于议会,则是想减轻外界对其编列预算过于浮滥的苛责,因此才愿意将预算编列的权力转移给行政部门。行政预算改革者们认为议会是有缺陷的预算决策组织,因此预算应该由能负责任的行政部门来筹备与提出。主张行政预算者建立一个更为强势并且能独立运作的行政部门,同时减少民意机关在预算决策过程中所扮演的角色。为了完成上述目的,改革的设想中包含扩张行政权在政策形成与提案审议方面的权力,使预算更符合经济与效率原则。

但是,行政预算制度过度强调费用的支出控制,对于预算的计划或方案应如何达到绩效的要求却付之阙如。也就是说,行政预算制度不以现代国家中所要求的计划和成效导向等为目标,对政府支出的成本、效能无法予以正确计算和评估,难以发挥预算管理的功能,从而也面临新制度的改革。

从欧美国家预算制度的发展看,预算观念的发轫与代议制度的兴起有密切关系,但越来越多的新预算观念则是受近代科学管

---

① 行政预算的推动与当时社会结构变动息息相关。在19世纪末,由于工业化与外来移民潮,造成人口大量涌入市中心。这些在市中心寻找机会的人大多成为劳动阶级,许多与劳动阶级有关的利益团体积极向其选区的选民进行利益输送,以争取支持。此举引起一些资本家与专业人士的不满,为了捍卫自身的利益,他们开始要求授予地方政府的行政部门更大的权限,而这股风潮后来也扩展到联邦政府。

理方法和国民经济发展的影响。① 预算制度的发展与预算功能的演进有密切关联。传统的预算功能着重财务制度化、行政控制和政治监督功能,所以预算制度具有"专属性""增额性""分割性"和"持续性"等特征。这样的预算制度可以减少计算工作,也可以缓解冲突,有助于各方协议的完成。但是,这种预算制度往往只着眼于特定利益而非一般利益,而且对于行政部门的控制,往往采取"line-item"的方式,也就是只关心费用的"投入",对于预算的"最终产品"则不闻不问。

绩效预算,可以说是现代预算制度的开端。20世纪30年代,世界发生经济大萧条,市场经济失去自由调节的作用,导致了新经济、新财政思想的诞生。凯恩斯主张以财政政策作为平衡经济的手段,政府活动应当更加积极,必须增加公共支出来引导私人投资活动,从而增加就业机会,提高消费倾向,促进经济持续繁荣,进而实现经济平衡,达到充分就业的目标。至此,以往健全财政(Sound Finance)观念被功能财政(Functional Finance)所取代,政府赤字预算政策应运而生。预算由按年平衡,发展为追求长期平衡。公共预算不仅着重于投入,同时注重其产出效果,于是公共预算成为实践国家政策,调节国民经济发展主要工具的认识开始被人接受。

(三)公共预算制度的现状

(1)现代预算制度的类型。现代国家的预算制度主要可以分为六种类型:

① 英国型的预算制度。主要特征是整个预算制度包含在一个

---

① 参见黄汉中:《我国预算功能之研究》,台湾政治大学财政研究所1984年硕士论文,第10页以下。

囊括所有收入与支出的统合基金内。英国特别重视支出问题,支出完全与收入分立。在预算执行期间,支出机构受到不同程度的控制。

② 法国型的预算制度。这种制度主要依托两个基本原则,一个是严格的财务控制系统,一个是中央公库制度。

③ 欧洲型的预算制度。这种类型又可以细分为荷兰型、意大利型和葡萄牙型。其中荷兰型特别依赖"预算的商业原则",包括折旧提列和权责会计基础的采用;意大利型则允许基金的使用超过财政年度,即前年度与当年度预算并列;而葡萄牙型特别注重预算的法律程序和"由法律所为的预算分配的年度专属性"。

④ 美国型的预算制度。以一般预算为中心,但另外设立一些不需要经立法机关确认的信托基金。

⑤ 日本型的预算制度。预算包括一个一般性账户和几个特种账户以及预算外账户。

⑥ 拉丁美洲型的预算制度。主要以西班牙为代表,特点是广泛采用指定用途税的特种基金,将政府职能分给非营利性机构承担。①

预算制度类型的不同,主要表现在预算涵盖范围的大小不同。一般而言,英国型与美国型的预算制度涵盖的范围比较广泛,但美国的预算外机构有增加的趋势;意大利和荷兰则将社会安全制度排除在预算之外;而法国则有"去预算化"的苗头,如经济和社会发展基金从预算中分离出来;拉丁美洲型的预算范围最窄。预算结

---

① 参见黄汉中:《我国预算功能之研究》,台湾台湾政治大学财政研究所1984年硕士论文,第19页。

构也因为预算制度的类型不同而有所差异,因此有了单一预算和复式预算之分。

(2)预算制度的具体设计。预算制度的发展与预算功能的演变有着密切的关联。由于公共预算是民主政治中相当重要的政治与经济问题,同时也由于财政基本理念的转移、传统的预算基本原则受到考验而有所转变,公共预算的功能逐渐多样化并由消极趋向积极,而且逐渐多样化。随着公共部门的扩张和人民基本权的保障,预算也具有政策计划功能和总体经济政策的功能,预算制度也随着预算功能的演进作了亦步亦趋的调整。为了增进公共预算的效能,人们通过对预算制度具体设计的改进来促使预算功能得到充分发挥。

随着预算功能的演变与公共管理部门的扩张,现代预算制度的具体制度设计也随之调整,先后经历了下列几个阶段:单一预算与复式预算制度;绩效预算制度;计划预算制度;设计计划预算制度(PPBS);零基预算制度(ZBB);多年预算制度和企业化预算制度。而对于现代社会而言,绩效预算成为最为主要的财政预算方式。

在传统的预算制度中,预算的内容大多重视财务控制,维持财政健全,而绩效预算制度强调管理功能,用以指导各机关如何制订计划、评估公务成本。至于其他类型的预算方式,也各有自己的优点。例如,设计计划预算制度强调计划性功能,重在如何就国家整体资源作最合理的分配和有效率的运用;零基预算制度强调管理方面的优先排列,并检讨删除不合时宜的现有支出项目;企业化预算制度追求在预算资源有限情况下的结果成效最大化。

上述各种预算制度设计其实并无绝对好坏,而是各有其利弊,因为现今大多数国家的预算制度其实是截取各种预算制度的优点补其短处。现代预算制度的演进主要着眼于预算的政策计划功能,即如何通过预算制度的改进,来提高公共预算的资源配置效率,所以特别重视"计划"与"预算"的关系,尤其特别强调"计划的形成程序"。相对于传统预算通过预算原则对公共预算加以监督和控制而言,现代预算制度中预算与政策的关系密不可分,自然更具积极的意义。目前各国预算制度的改革目的,主要是控制公共预算赤字以及让政府支出更有效率,所以特别强调绩效的考察与预算的结合。① 虽然计划的形成是政策形成的重要步骤,但往往仅限于行政部门,对于在政策形成中扮演相当重要角色的立法部门和其他具有相当程度影响力的决定因素一样没有被包括在内。因此,公共预算政策的合理性除了要使计划的形成合理之外,还要掌握预算过程中各种可能的影响因素,这样才能促使预算政策在民主过程中满足合理性的要求。

二、公共预算的法律概念

除了经济和政治意义之外,公共预算更具有色彩鲜明的法律意义。

公共预算与私部门的预算有一个很大的不同点在于:公共预算必须经过民意机关(立法机关)的同意才能执行。② 换句话说,即使由行政机关编列预算,它们也只是从技术的角度分担了一部分专业职能,但最终的控制权仍然必须交由立法机关,以确保人民对国家财政的控制。不仅如此,预算案一旦通过了立法机关的审议

---

① 参见《公共预算的改进与发展》,载《主计月报》1998年第2期。
② 至于为什么要由立法机关行使这个同意权,主要的理由是基于民主法治等原则,详细论述请见本书第四章第一节。

而成为法定预算,①就具有约束行政机关的效力。非经立法机关批准,行政机关不得随意变更或停止预算案的执行。可见,预算审议是关于民众认同和监督国家财政活动的法律规范,是一套维持政治行动和对政府活动进行有效控制的规则体系。② 公共预算在本质上具有"法律性",③其意义在于明确了由立法机关赋予行政机关执行预算的财政权。这种财政权的赋予,在本质上是一种法律权力的转换,包含了宪法意义和行政法意义。

公共预算在宪法上的意义,是立法机关赋予了行政机关执行预算内容的权限。这牵涉到国家权力机构(主要是指立法机关与行政机关)相互之间的权力分工与制衡关系,因而成为宪法上的重要课题。

公共预算在行政法上的意义,则是国家赋予包括行政机关、立法机关和司法机关在内的各机关动支岁出预算金额范围内款项的权限。虽然执行预算的机关不仅仅是行政机关,但却以行政机关为主,而在立法机关审议通过预算之后,还需要经过"预算分配"的程序;各机关的预算分配除了需要由中央财政机关核定外,在执行上还必须接受上级机关和审计机关的监督,因此也属于行政法上的课题。④

根据以上的概括,本书采用的公共预算定义是:公共预算通常是指经立法程序批准的政府年度财政收支计划,它是政府施政计

---

① 关于预算案的形式各国不尽相同,有以一般财政法案提出的,也有明确为预算案的。至于审议通过后有的称为"财政法""预算法"或"法定预算"等,这里的理解较宽泛。
② 参见戴激涛:《预算审议:公共财政的制度根基》,载《学术研究》2009年第7期。
③ 关于预算的本质概念,具有"计划性"与"法律性"两大特性,详见蔡茂寅:《财政作用之权力性与公共性》,载《台大法学论丛》1996年第4期。
④ 参见蔡茂寅:《财政作用之权力性与公共性》,载《台大法学论丛》1996年第4期。

划的一部分,是与公共财政相适应的预算类型,具有在法治框架内保证实施的根本特征。① 具体而言,这一概念包括三个方面的基本内容:第一,公共预算是立法权对行政权施加制约的一种类型,预算的执行权由行政机关掌管,但最终决定权则由立法机关行使;第二,公共预算是政府行动的方式与基础,其本质是体现公共财政的运作;第三,也是本书特别强调的一点,即公共预算必须根据法治的原则而进行。**法治的核心即在于对国家权力的控制,由此这一制度所昭示的宪政理念就是:行政权必须合理接受立法权的约束与监督,不得违反宪法规定而阻滞、增减业已具有法律效力的预算决议。**

三、预算权的宪法地位:与立法权平行

预算权的规定可以分为"岁入"与"岁出"两个方面。为了说明预算过程中的宪政问题,有必要阐明"预算权"的含义及其在宪法层面上的地位。

(一) 预算权与立法权的区分

在说明预算权与立法权的不同之前,首先必须辨析"预算权"与"拨款权"的差异。在美国联邦最高法院的判例中,宪法上"预算权"(spending power)的概念是指《宪法》第 1 条第 8 款第 1 项的"the Congress shall have power to …… pay the debts and provide for the common defense and general welfare of the United States",而第 1 条第 9 款第 7 项所规定的"拨款权"(appropriation power),则是完

---

① 参见齐银昌:《怎样理解"政府预算"与"国家预算"两个概念》,载《前沿》2006 年第 3 期。

成预算权和其他国会权力的必要程序。可见,拨款权在宪法文本中的地位,与其认为是宪法对于国会权力的赋予,倒不如界定为是对国会立法权的一种规范或限制更为贴切,换句话说,国会对于宪法所规定的国家任务负有拨款义务。① 一句话,在预算案已经法定程序通过之后,如果国会拒绝拨款,可以视为是未能厥及其职,属于违宪行为。本书所说的预算权不同于拨款权。

此外,就现代社会而言,立法机关享有广泛的权力,而其中又可大致区分为两类:一是制定法律,即狭义的立法权;二是决定国家重大事务,如官员任免等。② 预算权即属于立法机关所享有的决定国家重大事务权中的一种典型,属于由代议机关行使的、与立法权并行的权力类型。美国在这方面进行了明确的区分。美国国会的立法权和预算权虽然在宪法本文中的规定同属第1条第8款,并且在国会审议时都以"bill"称之,好像没有什么区别,但二者的概念实质上是不同的。从宪法的规范架构上可以看出制宪者有意赋予两种权力不同的性质,其代表性案例是 United States v. Butler 案。③ 1933年的《农业调整法》(The Agricultural Act)是罗斯福新政时期处理农业经济危机的重要法律,它通过限制生产来提高农产品的价格。该法授权农业部长可以在公平合理的状况下和农场主完成协议,降低某些作物的产量以调节价格,联邦提供补助给这些

---

① 举例来说,如不拨款让总统支付派驻大使的经费(《宪法》第2条第2款),或是不拨款让总统支付美国政府官员的薪水(《宪法》第2条第3款),议会的不作为就是违宪。

② 我国台湾地区著名政治学家张金鉴先生对国会(议会)的权力进行了更为细致的分类,将之归为五类,即立法权、财政权、调查权、同意权、条约批准权。"条约批准权"可以归属为立法权,而"财政权""调查权""同意权"则可视为是决定国家重大事务的权力。参见张金鉴:《美国政府》,三民书局1975年版,第73页。

③ See United States v. Butler,297 U.S.1—88(1936).

个别的农场主;同时再向农产品经销商课税,税金收入主要用来支付《农业调整法》所需要的资金。纳税的经销商巴特斯(Butler)声称联邦无权征收加工税,认为该法逾越了联邦政府的预算权。由于巴特斯的拒不合作,被联邦司法机构以违反《农业调整法》起诉。案件到了联邦最高法院之后,保守派占优势的法官群体以 6∶3 的多数票宣布《农业调整法》违宪无效。

本案争论的焦点有两个:第一,预算权和立法权是否可以区分;第二,预算权和立法权如果可以区分,则其范围分别是什么。法院在本案中首先承认联邦有权征税以用于"支付债务、公共防御和美国的公共福利",因此征收加工税是合宪的。① 法院同时确定《宪法》第 1 条第 8 款的征税权、拨算权和同款的立法权是分离而并列的权力,这意味着两者在地位上并列,当然有不同的权限范围。在 United States v. Butler 案中,法院还是采取了较为克制的司法态度,只是提及立法权和预算权是可以区分的,至于二者各自的范围,法院并未进行清楚的划分。

既然预算权与立法权是不同的,那么二者的范围分别是什么呢?要回答这个问题,有必要先对立法权的范围予以具体界定。下面以美国国会的立法权为例,来对这一问题进行说明。

(二) 立法权的范围

美国国会的权力是由美国《宪法》第 1 条明文列举,而不是通过概括式规定来赋予的,②这就意味着国会的行为除非符合宪法明

---

① 参见王希:《原则与妥协——美国宪法的精神与实践》,北京大学出版社 2000 年版,第 343 页。
② 《宪法》第 1 条第 1 款规定" All legislative power herein granted",没有省略" herein granted"。另外,在 McCulloch v. Maryland, 17 U.S. 316. (1819)案件中,马歇尔大法官认为宪法没有赋予议会固有的立法权限。

文规定，否则就可能会被解释为违宪。按照这一推定，即便出现国会力所不逮的问题也不会自动增加国会的权力。① 在美国宪法中，对国会权力较为重要的条文规定是：《宪法》第 1 条第 8 款第 1 项的课税权②、预算权，第 3 项规范州际与外国通商事务的权力，③第 18 项制定必要而适当条款（necessary and proper）的权力。④ 另外，国会的权力必须受到一个特别限制，即《宪法》第 1 条第 9 款第 3 项规定的"剥夺公权的法案或追溯既往的法律一律不得通过"。

  从表面上看，美国宪法对于国会的立法权限制似乎规定得非常明确，但是由于受到"必要而适当条款"的影响，国会与其他权力部门的权力互动变得极为模糊。正如 McCulloch v. Maryland 一案所昭示的那样，一方面根据宪法，国会仅享有有限的权力，⑤但另一方面也因"必要而适当条款"的存在而享有一个暗示的（implied）立法权，即只要国会的手段和目的与宪法上所列举授予的权限相关，

---

 ① 相关案例请参考 Lansas v. Colorado, 206 U. S. 46. (1907)。这里可以与美国《宪法》第 2 条规范行政权限和《宪法第十修正案》"本宪法未授予合众国、也未禁止各州行使的权力，保留给各州行使，或保留给人民行使之"相对比，也就是说，国家的行政行为除非被宪法所禁止，否则就是合宪的；没有明文规定于宪法中的权力就是属于州与人民的。

 ② 第 1 项全文为："To lay and collect taxes, duties, imposts and excises, to pay the debts and provide for the common defense and general welfare of the United States; but all duties, imposts and excises shall be uniform throughout the United States."

 ③ 第 3 项全文为："To regulate commerce with foreign nations, and among the several states, and with the Indian tribes."

 ④ 第 18 项全文为："To make all laws which shall be necessary and proper for carrying into execution the foregoing powers, and all other powers vested by this Constitution in the government of the United States, or in any department or officer thereof."

 ⑤ See McCulloch v. Maryland, 17 U. S. 316. (1819). 马歇尔大法官认为"必要"（necessary）一词，并不像马里兰州的辩护律师所主张的那样，应视为必要而适当条款，用来限制为执行权力而制定法律的权力，也就是排除选择手段的权力，议会在任何状况下都只能采取最直接或最简单的手段执行权力。这种严格的限制解释会使"适当"（proper）无法用正常文法加以解释。马歇尔大法官主张应缓和严格限制解释的效果，在辩护律师所主张的严格解释之外提供政府其他的立法手段。

就在国会立法权范围之内。但由于法院对于什么是"必要而适当"在审查标准上抱持宽松的态度,从而导致所谓的"必要而适当条款"几乎与便利条款同义。① 如此一来,宪法上所列举的联邦国会的权力,并不是美国国会在立法权上的实际权限。

为了详细说明国会立法权与国会预算权的区别,有必要从"横向"和"纵向"两方面来解读美国国会的立法权。联邦国会的权力,也就是"横向"的权力分立因"必要而适当条款"而界线模糊;但"纵向"的分立,即国会与州之间关于立法权的界线有赖于对"州际商务事项"范围的解释。在国会与各州之间,由于宪法仅赋予国会规范州际通商事务(Commerce Clause)的权力,造成国会对州规范的立法权力大小受到"州际通商事务范围"解释的影响,这对于国会的立法权限也构成了严格限制。有关"州际通商事务范围"的界定,根据美国联邦最高法院的判例,大致经历了四个时期:

1887年以前为第一时期,沿用 Gibbons v. Ogden 案的简单标准,②基本上对于"通商事务"泛称广义经济活动,"州际"则指牵涉到一个以上的州。

1887—1937年为第二时期,法院的见解倾向于公式化的标准,商务的定义限于贸易或交易而与其他经济活动有区别,如矿业或制造业都不算在商务的定义之内,于是在压缩商务范围的同时也压缩了国会的权力。③

1937—1995年为第三时期,法院一反常态地对于州际通商事

---

① See Laurence H. Tribe, American Constitutional Law, 2000, pp. 798—799.
② See Gibbons v. Ogden, 22 U. S. (9 Wheat.) 1 (1824).
③ 这个时期法院对于商务标准的见解是比较特别的,因为法院在通常情况下是不区分不同经济活动的。

务条款采取非常宽松的理解,认为只要对于其他州有"实质影响"的国会立法,即使事实上只涉及一州,也算是实质上的州际法律;另外,通过"商务条款"和"必要而适当条款"的联结,国会可以采取任何所谓"必要而适当"的手段来规范州际商务。在这样的交叉影响下,国会立法权在这一时期扩张了许多,最后让国会权力扩大到极致的是所谓的"渐增作用原则"(cumulative effect principles)。通过运用这个原则,即使国会规范的对象只是单纯的个别行为,甚至是还没有加入到市场的行为,但是因为每个被规范的个人叠加起来,还是不可避免地会影响市场供需秩序,所以也在商务的概念之内。这时法院对州际商务条款的理解已经宽松到了无以复加的地步。

1995年以后为第四时期,通过United Stated v. Lpoez一案①,法院对商务概念重新予以压缩。法院在已经失控的实质影响标准中寻求有意义的限缩,否认本案中的行为(处罚在校园中持枪)实质地影响到了州际商务,因为如果这种私人行为都算是有实质影响,那几乎不存在不会产生影响的行为,那样会使州际通商事务条款沦为空壳规定。这个案例之后,法院开始把实质影响的焦点集中到"一个特定活动的本质能否算是经济交易活动"上来,而不再把焦点置于"一个特定活动的外部效应"上。1995年的United Stated v. Lpoez案对于州际商务条款的运用是具有意义的限制,它将过去宽松到几乎失控的审查标准重新加以诠释,以至于国会对于州的立法权也受到相当的限制。在这种规制之下去界定立法权与预算

---

① See United Stated v. Lpoez,514 U. S. 549(1995). 本案涉及《校园枪只管制法》(Gun-Free School Zone Act),处罚明知为校园区仍携带枪械者。

权,在概念思考上有一定意义。

（三）预算权的范围

美国联邦最高法院如何界定预算权的范围？在 United States v. Butler 一案中,法院认为,《宪法》第 1 条第 8 款第 1 项中所提到的"公共福利"(general welfare),并不是指国会可以使用任何手段实现公共利益,而是特指国会只能以课税或支出作为实现手段,并不能以一般性的立法权为手段。也就是说,法院虽然提出国会预算权有公共利益条款的适用,①但预算权并不是没有任何限制的,它的限制就是"公益"——国会只能因公共目的而"支出"或"课税",②同时公共利益也是预算权行使的界限,但是国会没有为公共目的而"立法"的权力。不过,法院也没有提出可供操作的（公益）具体标准,法院甚至承认在判断什么是公益的问题上,国会比法院更有资格。③ 由于所谓的公共利益过于抽象并难以操作,因此它授予权力的功能似乎比国会限制权力的功能更为有效,这就给人这样一个印象:预算权可涉及的事项比立法权更广泛。

在 South Dakota v. Dole 一案中,法院推导出判断国会拨款附条

---

① "公共福利"一词如何定义有两派争论,一派以汉密尔顿为代表,认为宪法中公共福利位于列举权力(enumerated powers)之上,与列举权力是分离而不相同的,所以不能以列举权力来解释公共福利,因此宪法上的公共福利条款可以作相当宽泛的解释;另一派以麦迪逊为代表,认为公共福利仅限于宪法列举权力(the general welfare to be limited to the enumerated powers),公共福利条款的定义十分狭窄。

② 法院引用《宪法第十条修正案》来宣告《农业调整法》违宪的结论,表明法院不主张议会拥有一个一般性的预算权。《农业调整法》被宣告无效的理由之一,就是该法案所征收的税款是用来补助那些同意减低生产的农民,法院认为这是向某一部分人征税而使另一部分人受益。也就是说,这种税收不是为了公共目的而征收,因此被宣告违宪。

③ See Steward Machine Co. v. Davis,301 U.S. 548 (1937); Helvering v. Davis, 301 U.S. 619(1937)。联邦最高法院虽然认为"公共福利"一词的定义和选择支出公款的方法应由议会酌情而定,但议会行使这一权力时如果有明显的错误、过于武断或非正常判断时,最高法院可以介入。

件合宪性(未超过国会预算权限范围)的具体标准,①这也是联邦最高法院对条件补助的合宪性判断方面最重要的判例。本案的大致情况是:美国联邦提供各州条件补助(conditional offer)以换取各州执行联邦的政策,即国会以提供附条件的补助作为行使预算权的方式。1984年国会通过引导各州将最低合法饮酒年龄提高至21岁的法律,对于不配合的州,国会授权交通部长可以扣留联邦对于该州的高速公路兴建补助款。而南达科他州规定只要满19岁以上就可以持有、购买酒精成分3.2%的啤酒,该州认为提高饮酒年龄的法律已经违反《宪法第十八修正案》赋予给州的权力,而且国会已经逾越了其预算权的权限范围。法院在此案中并没有处理制定全国一致的饮酒年龄法律是否逾越国会权限的问题,但认为不论国会事实上是不是有权制定、使用财政奖励的方式以达到全国一致饮酒年龄的效果,都在国会预算权的权限范围内。也就是说,国会即便没有直接立法的权力,它也可以"购买"各州的合作。法院多数意见认为:

1. 国会可以对于联邦经费的运用设定受款条件,只要这些条件和其想要完成的目标有关联。②

2. 国会的预算权较宪法上所列举的其他立法权更为广泛,国会受《宪法第十修正案》限制而无法行使立法权的事由,可以通过预算的附加条件(形式上也是法律条款,统称为"bill")方式达到相同目的。③

---

① See South Dakota v. Dole, 483 U.S. 203, 207(1987).
② See South Dakota v. Dole, 483 U.S. 203, 210(1987).
③ See South Dakota v. Dole, 483 U.S. 203, 209(1987).

3. 预算附加条件是有限制的,共有四个具体限制标准:①(1) 预算权的行使必须旨在实现公共利益;(2) 国会所附加的条件必须明确,使州能够清楚地作出选择,并明确知道选择后的结果;(3) 国会附加的条件如果和特定计划里的联邦利益无关,就不具有正当性;(4) 其他的宪法条款也可能构成对预算权条件的限制,即国会不得附加迫使州从事违宪行为的条件。

4. 法院认为附条件和直接立法之间的差别在于州"是否有选择",如果事实上联邦的条件已经到了令州无法选择的地步,这就如同直接立法强迫州服从,②这时国会立法权要受到宪法的限制。

由 South Dakota v. Dole 案可以确定法院对于国会行使预算权(拨款附加条件)合宪与否的具体审查标准:第一,条件和直接立法的区别;③第二,条件与目的间的关联性④和条件明确性的要求⑤;第三,预算权的行使必须合乎公共利益⑥而不违反宪法上其他限制。⑦

综上所述,通过对美国宪法的解读,我们可以发现预算权和立法权在宪法上的地位是同等的,二者是"兄弟"般的平行关系,而不

---

① See South Dakota v. Dole,483 U.S. 203,207(1987).
② See South Dakota v. Dole,483 U.S. 203,211(1987).
③ 假设州可以以回绝其补助的方式,同时避免联邦课予的义务,那么这就是一个预算权下的条件设定,而不是行使立法权。换句话说,法院不认为当州回绝联邦的条件并同时失去补助时,这种失去是对州的惩罚,还不如说这是契约关系不成立。
④ 无关的条件会被视为不当联结,从而不能当然地要求州接受议会恣意的条件。但从法院的适用看,法院并没有提出任何具体审查要件来判断有无关联,可以说标准还不清楚,属于个案判断。
⑤ 条件明确性的要求,但这个标准法院只有提出来,并没有进一步操作,应该可以称作是一般的立法原则。
⑥ 公共利益条款的标准从 Bulter 案提出以后至今无法具体操作。究其原因,是法院没有因为预算只为了私利而宣告其违宪的具体个案出现。
⑦ 宪法上其他对于预算权行使的限制并不仅仅针对预算权,几乎所有国家权力运作都是如此,确切说这是宪法对于国家行为的一般限制。

是"包含于"和"包含"的"母子"关系。同时,预算权是对立法权的补充:与僵硬、滞后性的立法措施相比,预算对施政计划的落实更有效率、更直接、更有针对性。可以说,预算权是对立法权的补充和延伸,预算权可涉及的范围和事项比立法权更广泛,无法或不能及时通过行使立法权解决的事项,可以通过预算的方式达到目的。用一个或许并不很恰当的比喻来说明,那就是:如果说立法权是家庭里专管大事,把握大方向的"父亲",那么预算权则是家庭里负责落实衣食住行等小事情的"母亲"。两者紧密配合,才能完成代议机关所拥有的宪政功能。

第三节 预算的法治性质

财政与预算是人类社会进程中调节社会均衡发展至为重要的制度,关系着国家政权的巩固、经济的发展、社会的稳定及公平正义的实现。在任何时代,任何社会制度下,财政与预算都是个大问题,它与经济制度的作用发挥、国家民主法治制度的构建等几乎所有的国家大事都密切相连。翻开历史长卷,因财政和预算问题引发的政治风波和社会巨变从来没有停止过。每一次财政、预算改革都是那样的波澜壮阔和惊心动魄,深深地影响着经济社会发展的格局和进程。美国后现代史学大师、斯坦福大学教授怀特(Hayden White)曾说,任何学术研究从根本上讲都是一种"讲故事"或是"陈述"的过程,那么我们首先就来讲几个财政、预算与法治关系的故事。

一、预算与法治的两个历史故事

在任何时代、任何社会制度下,财政都是个大问题。财政、税收实际上是一国政治的全部经济内容,"因为从经济学的角度看,政治不过就是决定公共物品提供即公共资源配置(包括收入再分配)的社会机制"①。向谁收税,收多少税,公共资源的配置方向,预算权如何分配,如何决策等,根本就不是什么纯粹的经济问题,而是关系到民主和法治的大问题。

(一)伊朗"白色革命"失败的原因:公共财政的合法性及其制衡与监督问题

1."白色革命"介绍

伊朗"白色革命"是巴列维在1962年发动的。"白色革命"的意思就是"不流血的革命"。它产生的背景是20世纪50年代末期,伊朗经济形势不断恶化,尽管享有石油开采权的石油公司付给国家的钱比过去多多了,但贪污等问题使国家收入如水入沙漠,同时社会上高利贷盛行,失业率在增加,社会和政治动乱力量在不知不觉间积聚起来。

在这种形势下,巴列维提出了"白色革命"的12条原则,这12条原则的主要内容是:(1)废除佃农制,凡是大地主占有的土地,均应重新分配给农民所有;(2)全部森林属于国家所有;(3)将所有政府经营的工业企业出售给合作社和个人;(4)这些出售的企业所获利润,应由劳资双方分享;(5)修改选举法,准备实行普选,特别是妇女都要参加普选;(6)要建立一支知识分子大军,凡是应服兵

---

① 刘云龙:《民主机制与民主财政》,中国城市出版社2001年版,樊纲推荐序。

役的高级中学毕业生,均可担任教师;(7)要建立一支由各科医生所组成的卫生工作者大军,到农村去进行免费医疗工作;(8)要建立一支促进农业发展的大军;(9)在所有的农村,都要建立公正的法庭;(10)全部水利资源属国家所有;(11)制定全国性城乡建设的规划;(12)改组所有政府机关,行政权力下放,并全面改进国民教育。

"白色革命"只用了短短十几年时间就取得了耀眼的成就:伊朗的经济几乎瞬间创造了一个"奇迹",人均收入由不足200美元,猛升到2000多美元。1968—1978年间经济平均年增长速度为16%—17%,按人口平均的国民生产总值从1960—1961年度的160美元很快跃增为1977—1978年度的2250美元。特别是1973年,国家每年的石油收入从40亿美元猛增至200多亿美元,从而从债务国突变为债权国。政府的收入也因此超速增长,规模日益扩大。在1959—1960年度和1970—1971年度间,国民生产总值从38亿美元猛增到107亿美元,即增长181%,年平均增长率接近10%。此后经济发展势头继续猛增,1972—1973年度国民生产总值增长20.8%,1973—1974年度增长47.3%,1974—1975年度增长70.7%。也就是说,在这三个财政年度中,国民生产总值翻了3.7倍。国民总收入增长速度也非常快,在这三个年度中分别为20%、34%和42%。

在政府收入高速增长的形势下,伊朗财政支出十分宽裕,为了继续保持全速发展的势头,进一步发挥国家在国民经济中的主导作用,政府将财政支出大量投资于整个国家工业和基础设施建设,以便继续助推经济高速增长。这一明确的政策导向立竿见影,摩天大楼、高级轿车、高速公路、超级市场、储运码头、电气化铁路等现代化的公共设施,几乎一夜之间在伊朗境内处处开花。到了1977年,伊朗已经成为世界第七富裕国家。

然而,经济的高速发展并没有带动伊朗人民整体生活水平的同步提高,贫富分化日益严重。工业化进程的加速一方面刺激了对劳动力的广泛需求,吸引了大量的乡村人口移入城市;另一方面则导致了城市人口的膨胀。在城市数量急剧增多,城市规模明显扩大的同时,由于没有及时通过财税途径解决社会公平问题,特别是伊朗人民基本的生活保障问题,贫富两极分化问题日益突出,各种社会矛盾集中激化。1974年的调查显示,73%的工人收入低于最低生活水准。1977年,伊朗有工人400万,除了少数企业里的技工,绝大多数收入微薄,众多工人只好全家住贫民窟。大批农民进城,扩大了产业后备军队伍,加之连年的通货膨胀,使工人处境更加恶化。可以说,一小撮人发了大财,拥有豪华的西式别墅,过着灯红酒绿、纸醉金迷的生活,而占人口半数以上的居民,却依然处于最低生活水平之下,赤贫如洗,百病成灾。

鉴于这种改革的结果,许多受过教育的伊朗人开始反对国王的政权,学生们尤其憎恶国王对自由的压制。

1978年秋,拥有绝对国家暴力权柄的巴列维国王,被伊斯兰革命所推翻。反对者来自社会各界:"工人、知识分子、市场商人、戴或不戴面纱的妇女,缠着黑色、绿色和白色头巾的教士、孩子、青少年,穿西服的富人和衣衫褴褛的穷人。"[①]人们不明白,为什么力量如此悬殊的"两种革命"较量,胜利者却是弱者?"在这十五年里,

---

[①]〔伊朗〕费·胡韦达:《伊朗国王倒台始末记》,周仲贤译,广东人民出版社1981年版,第47页。

全国人民的愿望竟然完全翻了个个儿。这种颠倒是怎样发生的呢？"①令世人最为不解的是，国王手中掌握着40万装备精良的军队，又有庞大的宪兵部队和警察力量以及令人生畏的安全机构，还有唯一的合法政党——御用的"伊朗复兴党"。另外，1977年石油收入略微减少，但并未改变这样的事实：伊朗的外汇储备和对外投资多，外债少，石油收入哪怕与四年前的情况相比也堪称丰厚。同时就国际情势而言，当时伊朗不但边境平安，而且称雄波斯湾，几乎直到最后时刻，巴列维仍然得到包括两个超级大国在内的国际社会的广泛支持。

坦率地说，如果仅仅从国王巴列维发动"白色革命"的动机及其个人品质看，很难找到"白色革命"失败的真正原因。同时，在"白色革命"中，巴列维国王率先垂范，把自己的125万英亩土地（占伊朗可耕土地面积的1/4）分给了伊朗农民，农民们因此感激得匍匐在地上亲吻他的脚。

那么，究竟是什么原因导致了"白色革命"的失败呢？

2."白色革命"失败原因

（1）谁是最高"税权"的真正执掌者？

征税权是任何统治者或治理者都必须拥有的一种强制力量，这种强制力量的合法性在于其是否得到被管理者即纳税人的同意。无疑，只有征得纳税人同意的税权才是合法的，才是纳税人应该且必须服从的。因此，只有在合法税权强制下的征税才是合法的。

---

① 〔伊朗〕费·胡韦达：《伊朗国王倒台始末记》，周仲贤译，广东人民出版社1981年版，第4页。

那么,伊朗的"税权"有没有经过广大纳税人的同意呢?整个伊朗的财税大权,诸如征多少税、向谁征税、何时何地征税以及如何用税、向哪里用税、用多少税等等重大问题的决策权,都掌握在国王巴列维一个人手里。或者说,"白色革命"实际上体现的只是巴列维国王自己一个人的意志。财税也一样,体现的是巴列维国王一个人的意志。同时,鉴于人性在无实质性约束制衡的情况下,总是趋于追求权力最大化的事实,巴列维自然会趋于掌握所有的财税大权,实现自己的财税意志。诸如增强国力,巩固政权,大干快上"形象工程""政绩工程"等,都只以自己的意志和利益为圆心。他认为,这是天经地义的,任何人不得质疑。巴列维国王将自己打造成了一个现代独裁者,为了保持政权稳固的基础,就不顾一切地扩军备战,不断追加军费开支;同时不停地加强庞大的官僚体系建设,以便实现其独裁统治。结果,政府机构和官僚队伍,包括知识界和政府雇员的人数就越来越多。

在"白色革命"后期,巴列维王朝的君主专制已经达到登峰造极的程度。国王不但高居伊朗政治体系之巅,而且完全控制了伊朗的政治体系。一切重要决定,几乎都源于国王。他的意志就是法律,军队、萨瓦克、内阁、复兴党和官员不过是供其驱使的奴仆。在这种独裁专制的高压政体下,几乎所有来自底层的利益表达之声,都被体制性地屏蔽掉了,任何反映广大纳税人需求意愿的声音都被淹没了。结果,财税越来越背离其终极目的,背离广大纳税人的真实意愿。同时,"税权"的合法性也日益减少,基础开始松动,进而危及巴列维王朝的政权基础。

(2)没有公正的税收与抢劫相仿

托克维尔说:"对享有特权者来说,最危险的特权是金钱特权。

人们一眼就能看出这种特权的范围有多大,等看清楚时,便十分不快。金钱特权所产生的金额有多少,它所产生的仇恨就有多少。追求荣誉,渴望领导国家的人,为数不是太多,但是不想发财致富的人却少之又少。许多人对谁在统治他们可以不闻不问;但是对其私人财产的变化漠不关心的,却寥寥无几。"①巴列维家族本身就是一个依靠暴力与专制支撑的特别集团,他们享有大量看似合法但却极为不合理的特权。伴随"白色革命"的"深化",财富就在巴列维的独裁暴力掩护下,迅速集中到巴列维王室的五十个家庭和一千家名门望族之中。据《金融时报》的调查,"国王、他的姐妹和王亲国戚至少在一百零五个工厂企业的财政上插了一手,合股经营了十七家银行和保险公司、二十五家冶金和矿山公司、近五十家建筑公司和数量类似的食品厂。巴列维家族控制了二十四家豪华饭店,实际上垄断了旅游业、公寓居住区、商业中心以及附属的水泥和钢铁制造业……"②

在伊朗,根本谈不上什么基本的公正。在国家内部,一边是以钱权为黏合剂团聚起来的统治集团,另一边则是生活水平日趋降低的劳动阶层。当代正义论大师罗尔斯精辟地指出:"正义的主要问题是社会的基本结构,或更准确地说,是社会主要制度分配基本权利与义务。"③无疑,伊朗"白色革命"给广大民众带来的是极大的不公正,而这些都与税收统制结构的错位有关。如果一个国家的纳税人权利与义务的基本结构出了问题,就等于它的基础与基石

---

① 〔法〕托克维尔:《旧制度与大革命》,冯棠译,商务印书馆1996年版,第284页。
② 转引自〔奥地利〕海因茨·努斯鲍默:《霍梅尼——以真主名义造反的革命者》,倪卫译,世界知识出版社1980年版,第27页。
③ 〔美〕罗尔斯:《正义论》,何怀宏等译,中国社会科学出版社1988年版,第3页。

开始松动,它距离危机与危险的悬崖就很近了。因此,巴列维国王在 20 世纪 60 年代所推行的"白色革命"是非常没有根基的革命,可以用伊朗的一句谚语来形容——"把自己的胡子剪掉贴在头发上"。"白色革命"把农业全部破坏了来发展工业,而工业又完全受西方的控制,并非从基础工业逐步发展壮大起来;同时,石油价格暴涨,使得国家一下子变得特别富有,这样的经济发展不过是虚幻的泡沫经济。此外,当时伊朗购买了许多先进的机器设备,现代化程度陡然提得很高,受雇用的人很少,大量散失家园、涌入城市的农民工没有工作,大量的人失业,造成非常严重的社会问题。①

奥古斯丁在《上帝之城》中说:"如果没有正义,王国和大的抢劫集团有什么分别?"②诚哉斯言。

3. "税权"的终极目的究竟是什么?

"税权"的终极目的,也可以说是一切权力的终极目的。人们为什么要同意和让渡自己的权力?目的无非是为了获取更大的利益,以免承受巨大的伤害。不可否认,让渡权力意味着风险,意味着对自己自由的束缚。但是,假如人人都不愿意让渡自己的权力,或许失去的更多。因此,人们让渡他们自己的权力,承受一定的风险,其实是一种"两权相害取其轻"而"不得不"作出的选择。因此,选择让渡自己的权力和建立政府,就成为一种"必要之恶"的选择。而其出发点和最终归宿,无不是为了他们个人自己的利益,而每个人自己的利益就等于全社会的利益。因此,增进全社会和每个人

---

① 参见《伊朗知识分子的效忠与背叛——访阿姆罗依、穆宏燕》,载《南风窗》2007 年第 22 期。

② 转引自〔美〕莱斯利·里普森:《政治学的重大问题》,刘晓等译,华夏出版社 2001 年版,第 51 页。

的利益总量,无疑就是一切权力的终极目的,是社会创建一切制度的终极目的——这也包括"税权"的终极目的、税制的终极目的。这样,一切制度,包括财政、预算和税制的优劣判定,就只能依据这一终极目的——增进全社会和每个人的利益总量——的标准来判断了。或者说,一切革命或者制度改革,如果顺应这一终极目的,就可能走在文明、成功的大道之上;反之,则会背离正确的方向。

可以说伴随伊朗"白色革命"而展开的税制革命,从一开始就背离了这一终极目的。伊朗的一切税制革命,其根本目的都在于如何巩固巴列维的政权,都是围绕王权的延续和加固展开的。因此,一方面是通过独裁的手段和途径任意向纳税人征税,无限度地攫取财富,横征暴敛;另一方面则是根据巴列维专制政权的需要,任意支出,挥霍浪费,其后果可想而知。不论怎样,都是不断远离广大民众的利益和福利。伊朗"白色革命"背离这一终极目的的程度,可以通过曾经出使伊朗的沙利文先生的记述窥其一斑。沙利文写道:"他们的收入虽然比他们有生以来所能期望的还要高得多,但各种开支也使他们非常不满。他们眼巴巴地望着为进行投机买卖建起来待价而沽的高楼大厦空着没人住,而自己在德黑兰南部的贫民区,十几个人住在一个房间里。他们看到政府官员和中产阶级乘坐有专职司机驾驶的奔驰牌轿车在城里来来往往,自己却因公共交通工具严重不足而不得不拼命挤车。他们的失望和不满是大量的,而能使他们感到宽慰的事情又实在太少了。他们当中许多人吸毒成瘾,许多人盲目地以流氓行为来发泄心中的怨恨。"①原因很简单,税收与财政支出,都背离了人民的基本福利要求,背离了税收的终极目的。整个国家,贫富差距越来越悬殊,社会矛盾越来越激化,各阶层的普遍不满与日俱增,最终导致民心的丧失。

4. 内部机制能有效地监控"财政公正"吗?

英国历史学家阿克顿勋爵有句名言说:"权力导致腐败,绝对权力导致绝对的腐败。"伊朗"白色革命"自始至终都是在巴列维的独裁专制权力下导演和推动的。无疑,巴列维国王的权力是绝对的、无限的。这也意味着,唯有巴列维国王一人拥有国家治理的全部自由,除此之外任何人,包括王公大臣们、官僚集团,都无权管理国家的一切公共事务,包括财政事务。这样,"白色革命"看似动机纯洁和高尚,实际上就其本质而言,是缺乏人权、法治、民主、宪政的。

巴列维国王为了解决普遍的腐败与浪费而刻意组织起来的反腐组织——"皇家调查委员会",其实既是非法的,也是无力的,根本不可能对伊朗体制性的腐败产生实质性的遏制与惩治。特别是在急剧扩张、迅速发展的工业化与经济崛起之时,这种来自内部的监督根本无法发挥有效的作用。因此,腐败几乎是一种与生俱来的毒瘤,始终潜存在伊朗专制体制的体内,只待时机成熟,就不可避免地阻碍社会经济的协调发展。对此,沙利文早有洞察:"缺乏充分准备就投入建设庞大的工业企业,肯定会形成瓶颈问题。这些瓶颈问题往往是在同官僚机构打交道时碰到的。按照古老的波

---

① 〔美〕威廉·赫·沙利文:《出使伊朗》,邱应觉等译,世界知识出版社1984年版,第47页。

斯传统,官府的关节只须用钱就能买通。鉴于这些计划规模宏大、投资巨万,稍有拖延就会造成严重损失,因此行贿的金额十分惊人。结果,贪污盛行,涉及到政府最高层,而且事实上也涉及了王室成员。据我看来,强制推行工业化计划所带来的贪污之风,是对国王及其政权的一个重大威胁。"①对腐败,不能说巴列维国王没有觉察,否则,就不会成立所谓的"皇家调查委员会"。甚至在流亡国外的生命最后时刻,他依然认为成立于1976年秋的"皇家调查委员会"是监督官员的最佳机制:"这是检查国家事务的现代化服务机构。在我看来,这种自我评价的办法比西方国家必须依靠'忠诚的反对派'的办法更加可靠、更加公正。"②巴列维认为:"只有在君主立宪制的庇护下,伊朗各级生活才能广泛实行民主化。""因此,为了实现真正的帝国民主,就需要有一个君主从上边进行统一。"③同时,他一再强调,伊朗此时仍要首先发展经济:"没有白色革命,民主在伊朗将只是一种幻想,建立在饥饿、无知及物质和精神堕落基础上的民主只是一种讽刺,最终将成为民主最险恶的敌人。"④

然而,巴列维直至告别人世之时,都没有弄明白,他失败的真正根源就在于自己坚守的专制体制本身的极端恶劣性,在于他没有弄清楚自己所奉行的独裁制度,本来就是一种违背人性的,极端不人道、不公正、不自由的体制,这一体制,是从根本上拒斥广大民众监督的,是从心底里敌视广大民众的。因此,其权力自然缺少民

---

① 〔美〕威廉·赫·沙利文:《出使伊朗》,邱应觉等译,世界知识出版社1984年版,第65页。
② 〔伊朗〕穆罕默德·礼萨·巴列维:《对历史的回答》,刘津坤等译,中国对外翻译出版公司1986年版,第126页。
③ 同上书,第131页。
④ 同上书,第182页。

主制度的根本性约束,缺少法治制度性的根本性约束,缺少宪政制度的根本性约束。所谓的"皇家调查委员会",不过是为国王一人负责办事的机构,秉承的只是国王一个人的意志,监督和制约的只能是皇家之外运气不好的官员,而对国王及其皇家成员的监督与制约,只能是"聋子的耳朵"。对"公共财政"的监督也不例外。事实上,伊朗最大的腐败者就是国王及其家族。他们富甲天下,王族成员总共63人,却在瑞士银行有数十亿美元存款。国王本人挥金如土、穷奢极欲,用黄金建造厕所,花费10多亿美元为自己预修坟墓。首相和各部部长也照此办理,想方设法为自己捞钱,除公开的合法收入外,纷纷在各大公司和政府机关设立秘密预算,日常生活甚至是"从荷兰买花,从法国买矿泉水,从东地中海购买野味,从非洲购买水果"①。一家美国杂志称,到1977年,伊朗官僚腐败的程度"已经达到沸点"。1973—1974年度的调查显示,伊朗人贫富异常悬殊,最富的20%的人占总消费的55.5%,而最穷的20%的人仅占总消费的3.7%。②

5. 伊朗"白色革命"失败的启示

毋庸讳言,一个国家最大的腐败和浪费,最可能发生的领域就是财税,这是一种体制性的、披着合法外衣的腐败。巴列维至死都不明白,只有权力互相制衡、限制的民主宪政,才是防止、反对腐败的有效措施和根本制度,而由皇家掌握大权,自我监督的"皇家调查委员会",根本无法制止腐败。③

---

① 张振国主编:《未成功的现代化——关于巴列维的"白色革命"研究》,北京大学出版社1993年版。
② 同上。
③ 参见雷颐:《"帝国民主"的结局》,载《经济观察报》2008年3月17日。

伊朗"白色革命"给予世人的警示与启示是多方面的,其中财政警示最值得关注。一百多年前,法国思想家托克维尔曾在分析法国大革命的原因时指出:"经济的飞速发展,造成了史无前例的国家经济繁荣。这种不断增长的繁荣,未能安定民心,却到处激起了人们的不安情绪,恰恰是在法国经济状况得到最明显改善的地方,群众的不满达到了顶点。"①这无疑是在警示我们,在经济高速发展,政府收入超常增长之时,一定要注意遵循公共财政支出的终极目的,从根本上解决公共财政的合法性以及制衡与监督问题。

(二)法国大革命的启示:财政和预算也是惊心动魄的政治问题

有一个故事大家耳熟能详:"赤字夫人"、法国王后玛丽·安托瓦内特(Marie Antorinette)被推上断头台时,不小心踩了刽子手的脚,她马上习惯性地向他道歉:"真对不起,先生。"这个故事的主人公就是法国国王路易十六(Louis XVI)的王后,而她的丈夫法国国王路易十六也被推上了断头台。什么原因导致尊贵的国王和王后都被推上了断头台?简单地说,是法国大革命,不简单地说,是法国的国家财政和预算问题。

关于路易十六,在法国大革命历史教学和研究中,人们总是把他描绘建构成这样的形象:专制君主、暴君,不理朝政,生活上奢华糜烂,挥霍无度。其实,路易十六并不是一个极端专制、暴戾的国王,相反,他是一个少有的在私生活方面有所节制的君主之一,他能够对社会政治制度进行某些重要的改革,特别是他为克服财政危机而实施的改革,放弃了前任国王的一些过分专制、挥霍的政策和做法,有的西方学者甚至称他为"激进的改革家"。但他的多次

---

① Tocqueville, The Old Regime and the French Revolution, New York, 1955, p.173.

努力,都无一例外地以失败告终,最后自己沦落到"被审判""被处死"的境地。南怀瑾先生如是评价:"路易十六明知危殆,始终没有大刀阔斧的改革魄力,甚至还要矢上加尖。终至金玉满堂,莫之能守。富贵而骄,自遗其咎。"①

"由于政府只索取钱财,从不保护人们自由的行为,加速了各个阶级间的分裂……这样政府需要对付的就不是集体力量,而只是零散的个人力量……许多伟大君主相继出现……但没有一位君主试图使各个阶级团结起来。等等,我好像说错了,确有一位君主曾想过这样做并努力去做了。而这位君主正是路易十六。"②到18世纪80年代,国家的债务已经占国家税收的一半以上。路易十六认识到,要想改变这种极度困难的局面,必须对赋税征收制度进行脱胎换骨的改造,他为此几经努力,但他生性怯懦,缺少作为政治家和改革家所必需的果断精神和坚定意志。这和我国清朝的光绪皇帝有些类似:从一个帝王应该具备的素养上看,光绪能够接受新鲜事物,有一定的远见;但是,他性格懦弱,缺乏政治谋略,所以他在政治上始终不能有所作为。结果,路易十六不出意料地宣告失败。

1. 路易十六失败的财政改革

路易十六先是任用《百科全书》撰稿人之一的财政大臣杜尔阁(Turgot)为财政总监进行财政制度改革(1774—1776年)。杜尔阁上任后,他制订了一个宏大的计划,准备取消一切奴役、一切特权。

---

① 转引自俞飞:《为人民公敌辩护——法国大革命中走上断头台的律师》,载《法治周末》2011年4月14日。
② 〔法〕托克维尔:《旧制度与大革命》,邢晓宇译,国家行政学院出版社2013年版,第94页。

具体来说,他建议免除农民的徭役,取消省界的壁垒,废除贸易的关卡,振兴工业的发展,最重要的是让贵族和僧侣同第三等级享受一样的税率。在政治上,他想利用现存的省议会的途径,扩大政治开放,让人民能够获得政治权利,参与国家的政治生活。他还准备进一步规范财政、税收秩序,内容包括节约行政开支、成立贴现银行以便在政府财政危机之时提供应急资金等。然而,在改革的关键时刻,路易十六却恢复了1771年被路易十五解散了的巴黎高等法院以及外省的十余家高等法院,这些机构中云集着拥有特权的"穿袍贵族",他们担心改革会触及其自身利益,因而极力抵制杜尔阁改革,迫使路易十六于1776年5月解除了他的职务,刚刚启动的、明显有利于资本主义经济发展的财政改革化为泡影。对于这一"黄金时代"的速生速灭,伏尔泰曾沉痛地表示:"我的心永远也不能平静"。①

  杜尔阁的下一任(1777—1781年)是一名瑞士人,叫内克(Necker)。为了解救财政支出的燃眉之急,缓解日益严重的财政危机,内克在上台之初利用自己的声望到处借款,成功地筹措到了几笔巨款。随后不久,他取消了宫廷中的一些高俸而清闲的职位,压缩王室的财政开支、削减军役税和盐税。这些措施迅速引起宫廷贵族们的反对,他们立即像当初对待杜尔阁一样,猛烈攻击内克。1781年,内克公布了关于王国预算情况致国王的《财政报告书》,报告向社会透露了国王赏赐钱和恩给金的巨大数额,使得王室和领取大量年金的显贵们再也无法容忍,内克被迫辞职。《财政报告

---

① 参见李炜光:《逃往瓦朗纳期——法国大革命前夕财政改革启示录》,http://liweiguang.blog.sohu.com/226674153.htm,2014年3月20日访问。

书》披露的内容和内克因此被革职的事件震惊了社会公众，使公众对宫廷的不满情绪开始上升。

内克的继任者是卡隆（Calonne，1783—1787年在任）。卡隆为了笼络王公贵族，在上台初期一度采取了与内克完全相反的政策，曾为宫廷人员偿还赌债，增加他们的年金，企图以阔绰的假象抬高王室的威望。与此同时，他也寄希望于通过开挖运河、建筑港口、修建道路来刺激经济发展，增加财政收入，但收效并不明显。1786年8月，迫于日益严峻的财政压力，卡隆向路易十六提交了一份财政改革方案。卡隆建议，以土地特征税代替人头税和什一税，一切土地所有者，包括特权等级一律依其收入多寡按比例缴纳，短期国债的偿还期由10年延长至20年，废除国内一切关卡，取消各领地的关税，延长对盐和烟草的专卖权等，同时政府将每年削减财政支出2000万里弗尔。卡隆清醒地认识到，如果将这个带有明显的"杜尔阁色彩"的改革方案直接交由巴黎高等法院审批，势必招致特权阶层的否决，于是，他向路易十六建议召开"名人会议"，对这一改革方案进行裁决，并对之寄予厚望。1787年2月，"紧急应召名人会议"召开，出席会议的代表共144人，贵族和教士代表占绝对优势，来自第三等级的代表不足30人。路易十六希望以这个会议来证明有必要通过一项和平时期实行的土地征税新方法，试图使国家摆脱困境。但这些由国王指定的显贵们对这份财政改革方案发起了猛烈攻击，而且反对意见也各不相同，争执不下。迫于强大的政治压力，卡隆于1787年4月辞职，流亡英国。

改革如此的不顺，而路易十六的财政状况又每况愈下，无奈之下，他又将希望寄托在图卢兹大主教——卡隆财政方案的积极反对者——布里埃纳（Brienne，1787—1788年在任）身上。布里埃纳在一筹莫展之下转而又赞同起自己刚刚反对过的卡隆财政改革方案,执意增加新税,并要求特权等级也要纳税,"名人会议"拒绝了向特权者课税的方案,并声称:只有全国三级会议才有权决定财政改革政策和开征新税。1787年5月,忍无可忍的路易十六解散了"名人会议"。布里埃纳将卡隆改革方案稍作修补之后,明知不可为而为之地将它交给巴黎高等法院审定。巴黎高等法院不出预料地拒绝登记。1788年5月3日,巴黎高等法院发表了一个宣言,即《民族权利和君主制根本法》,声称国民应当通过定期举行的三级会议"自由地"向国王纳税。显然,巴黎高等法院试图对王权加以控制。路易十六盛怒之下把两名法官投入监狱,法院系统与王室政府之间的矛盾激化,全国各地的骚动此起彼伏,要求召开三级会议的呼声也越发强烈。1788年7月5日,国王同意召开全国三级会议。

三级会议于1789年5月5日开幕,会议开得很不顺利。第三等级的代表们对路易十六的表现非常失望,国王关心的只是财政问题,他说需要忠诚的臣民的援助,以帮助其克服目前遇到的一切财政困难。第三等级认为,三级会议不能成为特权等级维护私利的场所,必须制定一部宪法以维护人人生而有之的基本权利,必须建立一套新的国家机器以取代弊端丛生的专制机构。在他们看来,如果继续实行三个等级分厅议事并按等级投票,税收权利和政治权利的平等就是一句空话。6月17日,第三等级将有名无实的三级会议改为"国民议会"(Assemblée nationale),并且赋予自己批准税收的权力。对此,路易十六并未想出什么化解危机的良策,而是采取了一个激化矛盾的行动——关闭第三等级的会议大厅,结果引发了著名的"网球场宣誓"。7月9日,国民议会又自行将名称更改为"国民制宪议会"。

2. 革命爆发了

路易十六企图加强对局势的控制,向凡尔赛和巴黎四周调派军队。这激起了因政府财政改革毫无成就而生活艰难的普通民众的强烈不满,并迅速演化成一场社会动乱。人们到处寻找武器,乞丐和失业者大肆抢劫。7月14日,以攻占巴士底狱为象征的革命行动,使得法国民众突然发现自身竟然拥有如此巨大的威力。巴黎市民攻克巴士底狱的当夜,安库尔公爵冒雨赶赴凡尔赛,通报路易十六,大革命时代那一段著名对话诞生了。国王:"怎么,是造反吗?""不,陛下。革命来了!"可以说,引发这场惊天动地的大革命的肇因就是那场不成功的财政改革。

8月4日夜的制宪会议上,贵族和教士的代表们纷纷提议废除一切不合理的封建特权和赋税,特别是什一税,取消徭役和其他人身奴役,通过了著名的"八月法令"。1789年8月26日,制宪议会又通过了在法国史乃至世界史上具有里程碑意义的《人权与公民权利宣言》,从根本上铲除了旧制度时期的特权原则,取而代之的是人权和法治原则。

路易十六无法接受这一切,他再次从外省向凡尔赛调集军队,激起巴黎民众更大的愤怒。10月6日凌晨,情绪激奋的群众冲进王宫,国王的几个贴身侍卫被杀,生性怯懦、温和的路易十六被民众押回了巴黎,被软禁在杜伊勒里宫中,成了"革命之囚"。

国王拥有的预算权、治税权以及国家财政收支的批准权和监督权此时已转移到制宪议会的手里。1789年10月以后,制宪议会开始对法国的政治、经济及社会结构进行脱胎换骨的改造,开始行使它已经拥有的各种财政权力,并力争克服严重的财政危机。为了摆脱财政危机,制宪议会决定向教会宣战。教会占有法国可耕地面积的 15% 左右,其财富总值大约相当于国家债务总额。1789年 11 月,制宪议会下令将教会全部财产收归国有。1790 年 5 月,制宪议会又下令以分期付款的方式拍卖教会地产,国库进一步得到充实。这期间庞大的教会地产还是有序地转移到了资产者和富裕农民手中,这是具有时代进步意义的变化。

至 1791 年夏天,法兰西国家的改造工作已经初步完成,宪法的条文也已基本成型,法国似乎距离立宪君主制度只有一步之遥了。然而,也许是国王急切地想恢复王权秩序,或者他就是为了逃生——因为明眼人都看得出来,此时国王已没有任何人身安全的保证,如果有人以革命为名大开杀戒的话,路易十六肯定排在第一个——总之他选择了"逃跑"的策略。只是他的运气不好,没逃掉,又一次被押回了巴黎。国王一家再次住进了受到严密看守的杜伊勒里宫,此时的路易十六,实际上已经不再是国王,而是一个人质了。

1793 年 1 月 16 日,作为立法机构的国民公会就路易十六的生死问题进行表决,在参加表决的 721 名议员中,361 人主张死刑并立即执行,26 人主张死刑但缓期执行,334 人反对死刑,激进派仅以 1 票的微弱多数决定了路易十六的命运。1793 年 1 月 21 日中午,年仅 39 岁的路易十六被送上了断头台。他在生命的最后几分钟里说的一段话被永远载入史册:"先生们,我是无辜的。我没有犯我被指控的任何罪责。我原谅所有把我送上死路的同胞。我祈求上帝,法兰西从今以后永远不要再有流血。"①

---

① 〔古希腊〕柏拉图、〔法〕萨特等著,蓝黛编选:《老笔记——名人眼里的历史事件》,民族出版社 2001 年版,第 64 页。

塞纳河见证了那段惊心动魄的历史,缓缓地告诉世人一个观点:在任何社会中,财政、税收等问题都首先是一个政治的和法律的问题,其次才是一个经济问题。

3. 没有好的制度,仅有好的统治者是不够的

1989年,在纪念法国大革命200周年的庆典上,法国前总统密特朗说:"路易十六是个好人,把他处死是件悲剧,但也是不可避免的。"为什么好人的被处死是不可避免的?罗伯斯庇尔在1792年11月20日的国民公会上演说时回答了这个问题:"路易应该死,因为祖国需要生!"

托克维尔在1836年撰写的《1789年前后法国社会政治状况》一文中阐述了其对法国大革命发生原因的基本思考:"即使没有这场革命,革命所作的一切也会产生,对此,我深信不疑;革命只不过是一个暴烈迅猛的过程,借此人们使政治状况适应社会状况,使事实适应思想,使法律适应风尚。"可见,在托克维尔看来,革命是一个寓于历史必然性中的特殊现象。[1] 法国大革命发生的历史原因中,很多与路易十六并无直接的关系,账要算在他的"列祖列宗"身上。大革命发生时,路易十六已经在改革,而且法国也处于旧君主制度最繁荣的时期,但此时的路易十六已经是旧制度的象征,他必须跟着走,别无选择。他必须承担所有的历史责任,必须承担失败的痛苦,甚至付出他的生命。法国著名历史学家米涅说:路易十六,以他的胸怀和品德来说,是最适合于他那个时代的。当人们对独断专制的政治体制不满时,他就自愿地放弃这种专制的做法;当

---

[1] 参见童圣侠:《托克维尔的局限与法国革命中的"病毒"》,载《山东社会科学》2013年第12期。

人们对路易十五的荒淫挥霍感到愤恨时,他能够品行端方,生活俭朴。人们要求作一些必要的改革时,他也能够体察公众的需要并立意要给予满足。但是,改行仁政和继行暴政都是困难的,因为要改革,就要有力量使贵族特权阶级服从改革。在这一改革的过程中,路易十六缺乏坚强的意志,实际上只有这样的意志才能完成国家的重大变革。他头脑清楚,心地正直、善良,但是性格不够坚定,在他的所作所为中缺乏坚持到底的精神。他的改革计划所遇到的阻力是他所意想不到的,也是他未能加以克服的。因此,正如一个君主因拒绝改革而遭到毁灭的结局那样,他是由于尝试改革而毁灭的,法国大革命的"无根源",应是王权专制的咎由自取,只不过国王路易十六成了最终的承载者。①

4. 大革命发生的财政原因分析

为什么一场财政改革会引发大革命?为什么良好的改革愿望带来的却是否定改革者自己的结局?为什么进行减税和平均税负的改革反而激怒了人民?法国历史学家托克维尔在他的传世名著《旧制度与大革命》中也曾提出过疑问:"这场在几乎整个欧洲同时酝酿的伟大革命为什么爆发于法国而不在他处?为什么它好像自发产生于它即将摧毁的社会?最后,旧君主制怎么会如此彻底、如此突然地垮台?"②他认为,一个国家发生了法国大革命这样剧烈的社会动荡,原因一定是复杂的,它"决不是一次偶然事件",而是"一项长期工作的完成,是十代人劳作的突然和猛烈的终结"。③ 英国

---

① 参见丁冬汉:《王权专制下的财政危机与法国大革命》,载《理论界》2013年第11期。
② 〔法〕托克维尔:《旧制度与大革命》,冯棠译,商务印书馆1992年版,第32页。
③ 同上书,第60页。

历史学家阿克顿（Acton）也说："他（路易十六）之所以灭亡,不是因为他把从他的祖先那里继承下来的权力使用的过了头,而是因为这种权力本身已经声名狼藉,已经遭到了破坏。"①两位学者都强调了历史的决定性影响。

归纳起来,引发大革命的财政原因主要有以下几个方面：

（1）专制制度制造了一个超级庞大的政府,人民不得不用有限的资源去填补这个巨大的无底洞,由此形成无法摆脱的财政负担和难以化解的社会矛盾。

在君主专制制度下,统治者的财政需求是无穷的,"加之又不愿意向三级会议索取,于是卖官鬻爵制度应运而生,这种现象世所未见"。早在亨利四世时代,就建立了卖官鬻爵制度,路易十三以后达到了疯狂的程度。

鬻官政策虽然暂时增加了王国政府的财政收入,但却是一个地地道道的饮鸩止渴的愚蠢行为,可称之为"鬻官制陷阱",一旦启动该机制,将迅速导致国家财政来源枯竭,王国政府为此付出的巨大代价将远远大于鬻爵所带来的利益,并出现恶性循环,成为未来引发财政危机的主要诱因。"国家之所以手头拮据,是因为法国有超过一半的财产并没有正常纳税"；"由于没有向真正的有钱人贵族和教士等级征税,也由于专制君主的穷兵黩武造成过大财政开支,政府因此而入不敷出"。

一些政治家曾经试图对鬻官制进行改革,但这些改革只具有局部效应,杯水车薪,于事无补。

---

① 〔英〕阿克顿：《法国大革命讲稿》,姚中秋译,贵州人民出版社2004年版,第5页。

（2）缺少资源配置权力的监督制度。

在旧制度下，国王的财政资源配置的权力是无限的，他把国家财政当作私产，没有有效的监督机制，钱用到哪里是他自己的事，旁人无权说三道四。在法国，国王把贵族们尽可能地笼络到身边，让他们花天酒地，醉生梦死。大革命前夕，"凡尔赛宫内常有一万七八千名贵族廷臣，其中四百六十九名专侍王后，二百七十四名侍奉王弟，国王的伯母有两百多名随从，连路易十六的新生女儿也有八十名贵族侍候"，养活这些人的金钱，也是全部来自王国政府财政。1788年，法国政府支出约六亿二千九百万法郎，收入约五亿零三百万法郎，赤字达一亿二千六百万法郎。①

（3）专制政府的赋税征收缺乏正义和平等，是导致阶级矛盾和社会矛盾激化、最终引发革命的根源。

法国的旧制度就其性质而言是一种贵族政权，国王为了削弱和分化贵族阶层的权力，防止其对王权构成威胁，向封建贵族和教士作出妥协，放弃了向贵族和教士征税，给予其"所有特权中最令人厌恶的特权"——免税特权，以换取他们的支持。"当国王第一次凭借自己的权威征收捐税时，他懂得首先必须选择一项看来不致直接损害贵族的捐税，因为贵族在当时是与王权敌对的危险阶级，他们决不会容忍损害它们利益的革新。因此，国王选定一项他们免交的捐税：军役税"。"这些可悲的特权使那些被剥夺了特权的人心中充满嫉妒，而使那些享有特权的人更加自私自利，趾高

---

① 参见〔法〕乔治·勒费弗尔：《法国革命史》，顾良、孟湄等译，商务印书馆2010年版，第101页。

气扬。"①

更严重的是,资产阶级中的一部分人也加入到盘剥农民的队伍中来了。一些资产者向政府购买官职,获得官职以后,他们便拥有赋税的豁免权,而政府为了获得更多的金钱也就不断地发明新的职位出卖,于是又出现了一大批新的免税者。

这样,在政府的赋税征收额不断增长的同时,承担这些赋税的人数却不断下降,维持无限政府庞大国家财政需要的税收负担便全部落在第三等级的肩上,尤其是落在农民肩上,托克维尔说:"尽管税收的不平等现象存在于整个欧洲大陆,但很少有国家像法国那样明显而又一直令人厌烦。……在所有区分人和划分阶级的措施中,征税不平等现象的危害性最大。"②托克维尔在这里所说的"所有其他的不平等"主要指资产阶级与贵族之间赋税负担的不平等,他们因此而产生的严重阶级对立,是导致资产阶级对君主专制政府不满,在大革命中毫不犹豫地起来"造反",推翻君主专制政权的原因。

免税特权的产生,是专制的孪生毒瘤,"是特权中最令人厌恶的特权"③,它一旦成为一种社会性的制度安排,这样的社会离衰落就不会远了,正如托克维尔所说:"尽管在捐税问题上,整个欧洲大陆都存在着不平等,可是很少有哪个国家,这种不平等变得像在法国那样明显"④;所有"将人和阶级加以区别的措施中,捐税的不

---

① 〔美〕查尔斯·蒂利:《欧洲的抗争与民主(1650—2000)》,陈周旺、李辉、熊易寒译,格致出版社、上海人民出版社2008年版,第131页。
② 〔法〕托克维尔:《旧制度与大革命》,邢晓宇译,国家行政学院出版社2013年版,第78页。
③ 同上书,第77页。
④ 同上书,第78页。

平等危害最大"①。免税权的存在极大地激化了社会矛盾,此时的人们要么选择继续忍受赋税的不公正,要么起来反抗。

托克维尔在他的名著《旧制度与大革命》中也对繁苛赋税下挣扎的农民处境作了生动的描述:"为了得到土地,首先他得付税,不过不是付给政府,而是付给邻近的地产主","他终于有了一块土地,他把他的心和种子一起埋进地里,……可是那同一帮人跳了出来,把他从他的地里拉走,强迫他为他们在别处干活。……他们守候在河流渡口,向他勒索通行税。在市场上,他又碰上他们,必须向他们交钱以后才能出卖自己的粮食。回到家中,……他不得不到这帮人的磨坊里磨面,用这帮人的烤炉烘面包。他那小块土地上的部分收入成了交给这帮人的租金,而这些租金不能赎取,也不受时效约束。不管他干什么,处处都有这些讨厌的邻人挡道,他们搅乱他的幸福,妨碍他的劳动,吞食他的产品;而当他摆脱了这帮人,另一帮穿黑袍的人又出现了,而且夺走了他的收入的绝大部分。请设想一下这位农民的处境、需求、特征、感情,并计算一下,若你能够的话,农民心中郁积了多少仇恨与嫉妒?"②

君主专制政府的赋税体制存在着致命的弊端,赋税征收缺乏制约,制度分散而无序,徭役征发随意性极强,导致民众特别是农民因税负超重而日益贫困化,激发了平民特别是农民的反抗意识,加剧了统治阶级与被统治阶级之间的矛盾和斗争,成为未来社会动荡的祸因。

---

① 〔法〕托克维尔:《旧制度与大革命》,邢晓宇译,国家行政学院出版社2013年版,第78页。

② 同上书,第30页。

二、公共预算制度的法治功能

预算制度是将预算根据一定的规范有系统地加以表达,其主要目的是一方面可以使错综复杂、经纬万端的公共预算得以标准化,成为一套脉络分明的完整体系;另一方面,则可以落实公共预算的功能,方便对公共预算进行比较和评价,提高公共预算的效能。按照美国著名预算学者A.普雷姆詹德的论述,预算作为经济政策的手段,其功能大体表现在以下几个方面:"第一,从政策角度讲,这指明了经济的趋势,并表达了有效利用社会资源的意向。……第二,预算的一个主要功能是促进经济的宏观平衡。……第三,由于最近强调以公平的方式来分配资源,因而预算已成为减少不公平的工具。……第四,预算应更好组织,以便使它对国民经济总体的影响得到快速的和富有意义的发展。"[①]当然,这一概括更多地着眼于预算制度的经济功能,但实际上,除了维持国民经济体制的总体平衡、优化资源配置外,预算制度还具有特别重要的宪政功能。正因如此,学者认为预算制度是一项不可或缺的制度,是国家政治体制最重要的组成部分,其重要性不亚于选举制度、政党政治,以及立法机关制度和舆论监督制度。以下我们即对预算制度的宪政功能予以分析。

1. 珍惜人民财产,合理配置资源

国家机关的正常活动是以充足的财源支配为保障的,这就是通过税收的征收来确定国家运转的经费来源。"一个国家没有税

---

① 〔美〕A.普雷姆詹德:《预算经济学》,周慈铭等译,中国财政经济出版社1989年版,第42—44页。

收是不能长期存在的。如果没有这个重要的支柱,它就一定会丧失独立,降到一个省份的地位"①。在有了足够的税收的基础上,如何确定资源的合理配置,就成为国家是否为人民的幸福制定政策的基本标准。所以,预算制度在宪政上的首要功能,就是确定资源的合理配置,从而真正管好人民的"钱袋"。资源配置功能是政府可以通过预算,对政府的收入与支出作有系统的归类与安排,明确而合理地处理财政问题。理查德·A.马斯格雷夫(Richard A. Musgrave)的"公共财政理论"将政府职能划分为经济稳定、资源配置和收入再分配三种,其中资源配置是公共预算的基本职能。

按照马斯格雷夫的说法,社会财货应当得到最为合适的配置。由于公共财具有非敌对性与非排他性,容易产生"搭便车"行为,而市场又不能提供诱因促使生产者提供公共财,从而无法达到资源配置的最适合状态,因此有必要由政府介入,担任公共财供给与配置的角色,以矫正受到扭曲的资源配置状态。凡涉及全国性的利益,应由中央进行合理的财政预算,如国防力量的配置及科学研究的推动。当然,由于各个地区资源环境不同,各地区居民对公共财的偏好也存在不同,因此具有地方公共财性质的财货,应由地方根据本身需要自行提供。

对政府的财政部门而言,主要任务就是控制支出规模,提高资源配置的有效性。为了善用人民依法缴纳的税赋,使人民感到牺牲最小而获益最大,主管预算资源配置的财政部门责无旁贷。公共预算资源的配置,反映出整个国家的政策,法定预算书规定了政府的活动范围和方向。而完成法定预算的资源配置程序,则充满

---

① 〔美〕汉密尔顿:《联邦党人文集》,程逢如等译,商务印书馆1980年版,第62页。

着行政部门间,行政与立法部门间,行政、立法部门与利益、弱势团体间的利益冲突与协调机制,预算制度则是这一协调机制运行的主轴,所以预算制度的改进正是预算改革的核心。

正因为财政预算对于社会资源分配的重要作用,所以强化财政预算的责任成为这一制度得以正确实施的关键。公共财政是一种民主的财政,它主张权力的自限与权力间的制约。在预算管理中,"财政责任"是个重要的概念,是指预算管理者和决策者需要对其所从事或参与的财政活动承担责任。概括起来可以分为三个方面:第一是改进社会选择。良好的预算管理通过发展出社会据以进行选择的适当标准、程序和信息,承担起帮助政府改进公共选择的责任。第二是提供公众对于公共产品的"满意度"。当公众对政府提供的公共产品数量、质量或其组合不满意时,政府必须承担起改善公共产品供应的责任。第三是在不同的等级中,个人和组织对被指定的工作负责。例如,行政部门对立法机关负责,行政部门内部由首长负责,支出单位内部管理者对具体的工作负责等。良好的预算管理有助于明确工作责任,从而帮助管理者和决策者增进预算效率和公共利益。

预算还有财政再分配的功能,主要指政府所得财富的再分配,目的在于使分配达到社会福利最大化的公平境界。再分配功能是政府以财政政策向富人课税,补贴穷人,促使所得从富人转移至穷人。人民具有迁徙的自由,如果由地方政府执行这个功能,会迫使富人迁到其他他方,鼓励穷人迁入管辖区域,导致地方平均所得降低,甚至形成具有同构型的贫民小区。基于人口的流动特性,应由中央政府执行大部分的收入再分配政策较为合适,以确保国内低收入者能享有最低水平的社会服务。地方政府可以从事一部分收入再分配工作,因为收入再分配是出于利他主义,人们比较关心同一小区的穷人,纳税人为了能享受到较好的社会服务,会愿意支付较多的税,让自己及同一小区的穷人都能享受到福利,这种效用相依效果所产生的意愿会随距离增加而缩减,因此地方政府执行部分财政分配功能,可以增进富人及穷人双方的效用。

政府常用货币政策与财政政策干预经济活动,以维持总体经济的稳定与发展,主要包括维持高就业、合理的物价和适当的经济成长。货币政策是政府发行或收回通货的权力;财政政策是指控制政府支出与税收,以影响经济活动的水平。因为地方政府欠缺有效的稳定政策工具,而且地方政府相对全国而言有较高的开放性,地方政府执行货币政策及财政政策,最后将演变成每一个地方只求单一辖区稳定,而输出不稳定至其他区域,那么全国物价和经济状况将产生混乱情形。以货币政策为例,假若地方政府拥有通货发行权,而全国货币都可以自由流通,那么各地将以增加货币供给来筹措财源并购买其他地区的财货,通货膨胀将一发不可收拾,所以货币政策不可以开放给地方政府,应由中央控制货币的供应,这样才能有效维持全国物价稳定。因此,稳定经济职能的政策只适合于规模较大的中央政府。

由上可知,财政的分配功能由中央政府执行为佳,这是基于这一功能的外部性和规模经济性;而地方政府资源配置的部分就是真正能够积极从事经济功能。以地方政府的差异性看,地方政府依其特色而显现不同的财政形态,它提供民众多样化的地方公共财形态,人民可以通过迁徙,选择一个最适合的地区居住,以获取最大效用并满足其要求。这就是蒂博特(Tiebout)认为的公民"用脚投票"选择,可使地方公共财如同私人财货般因竞争而达到效率配置。此外,地方政府也常通过提供不同的福利政策介入再分配功能,来弥补中央供应的不足。

2. 加强对行政的控制,完善民主监督

宪政的核心在于对国家权力的控制。"一切有权力的人都容易滥用权力,这是万古不易的一条经验。有权力的人们使用权力一直到遇有界限的地方才休止。"①权力具有自我膨胀的天然特性,其运作又是呈自上而下的放射状结构,每经过一层中介,其放射范围都会有所扩大;权力能够直接给有关组织和个人带来物质和精神的利益,因而权力主体又常常会产生扩大权力的本能冲动,使权力具有一种无限延伸的动力。同时,随着社会管理事务的增多,权力也必然要随之增大,这又会带来权力结构的变化,形成权力扩张的连锁反应。从实质上说,权力的膨胀又是以公民权利的压制为代价的:权力一旦突破合理的边界,势必会造成对公民权利的侵犯。这样,对权力进行制约,形成权力运行的良性机制,就成为近代以来思想家思考的论题及宪政架构的主要试验。

在财政预算中,如何加强对政府部门权力的约束与控制,就成为财政预算能否合理实施的主要前提。预算问题绝不仅仅是个无关紧要的数字汇总问题,而是关系到民主制度是否名副其实的大问题。没有预算的政府是"看不见的政府",而"看不见的政府"必然是"不负责任的政府"。"不负责任的政府"不可能是民主的政府。预算制度就是要把"看不见的政府"变为"看得见的政府"。只有这样,人民才有可能对它进行监督。在这个意义上,预算是一种

---

① 〔法〕孟德斯鸠:《论法的精神》(上册),张雁深译,商务印书馆1961年版,第154页。

对政府和政府官员"非暴力的制度控制方法"。① 预算制度本身是为了让政府能向立法机关负责,而经过一段长期的政治抗争所产生的。因为预算必须经过立法机关通过,所以预算也有彰显民主合法性的功能和监督的功能,议会(立法机关)的预算权虽然是议会(立法机关)相对于政府(行政机关)最古老的监督权,但至今仍是最有效和最重要的监督权之一。②

由于公共预算包括岁出与岁入,岁出主要提供公共产品和服务,这可以增加人民的经济福利,而岁入则是筹措提供公共产品、公共服务所需要的财源,也就是成本。除政府本身所掌握的生产要素外,绝大部分的岁入都是以"税"的方式取自民间而成为人民的负担。在传统的统收统支原则下,公共预算的岁入与岁出是相互独立的,即政府个别支出项目与其财源筹措两者之间并无关系,享受政府支出的获益者,并不需要支付任何代价;相反,必须支付代价者,却未必能享受到政府支出的利益。因此,公共预算容易产生"财政幻觉",也就是说,就全体人民而言,虽然其所享受到的整体利益与所需要负担的总成本是相等的,但是就个别公民或团体而言,或许需要承担净"损失",或享有净"利润"。因此,人民对政府所提供的公共产品或公共服务的利益和必须负担的成本无法正确评价,有时候会高估利益,低估成本;有时候会高估成本,低估利益。

这种"财政幻觉"的存在,将使公共预算无法合理化,也有可能

---

① See Frederick A. Cleveland and Arthur E. Buck, The Budget and Responsible Government, New York: Macmillan, 1920, pp. 390—397.

② 参见蔡茂寅:《预算的基本原则与法律性质》,载《月旦法学教室》2003 年第 7 期,第 122—123 页。

使公共预算成为个别人或团体从事"竞租行为"的工具,①公共预算在规模和结构方面都会受到扭曲。最明显的后果就是,在岁出部分有利于特定个人或团体的支出相对于国家整体利益的支出必定大幅度上升;而在岁入部分,则是预算赤字的持续发生,公债数额不断增加,这种财政负担将由后世子孙承接。所以,"民主"和"赤字"两个概念就成为公共预算民主过程中幽灵不断的"商标"。如果出现了这种情形,公共预算反而可能成为个人、团体追逐私利的工具,不仅不能达到政府政策所要追求的目标,甚至会丧失最基本的监督、控制等功能。

通常说来,在预算领域有三种形式的腐败:第一种是为个人目的而挪用和滥用公款;第二种是由某个机构的公务员利用拨款的权力谋取私利;第三种是政府官员改变预算收支政策、法律,或者是按照个人或特定团体的利益解释法律,这种改变和解释不是因为合理的需要,而是某些人的特定需要。虽然有效的预算制度不可能彻底消除腐败问题,但却有助于减少腐败。从收入和支出两方面着手是遏制腐败,加大行政机关透明度,调节收入分配,缓解社会矛盾和增强国家能力的制度条件。不完善预算制度,无论是基层民主,还是更大范围的民主,都难以发挥实效,完善预算制度的过程实际上也是政治改革的过程。

为了保障公共预算的合理性,还必须提倡预算公开的原则。公开性是现代公共预算的一个基本特征和要求,预算制度能将各

---

① "Rent-seeking activity is directly related to the scope and range of government acticity in the economy to the relative size of the public sector." See J. M. Buchanan, Rent-seeking and Profit-seeking, in J. M. Buchanan, R. D. Tollison, and G. Tullock (eds.), Toward a Theory of the Rent-seeking society, Texas A. M. Univ. Press, 1980, p. 9.

级政府行为的细节展现在阳光下,改善政府与民众的关系,增强政府正当性。公共预算信息公开有三种好处:第一,预算公开可以减少因信息不对称所带来的"财政幻觉",促进人民对于公共预算的了解和监督;第二,拥有公开的、具有公信力的信息来源,不但可使各个行政机关充分协调和沟通,也可以使立法机关和社会大众能够据此监督各行政单位,并知悉政府在一定程度上的施政作为;第三,公共预算信息的透明公开,能推动我国的民主政治发展。我国目前所公开的公共预算信息相当有限,不仅让人民无法明了现行预算的相关数据,更无法让人民共同来监督公共预算公共支出的用途和流向。

按照委托代理理论,公共预算实际上是社会公众与政府之间形成的财政委托代理关系。因此,必须将公共预算向公众公开,让公众了解预算资金的来源、去向、效益等情况。只有保证公共预算的公开、透明,公众才能真正实施对公共预算的监督,所以公共预算的公开性是实现公众民主监督权利的前提和基础。

总之,公共财政的透明性是由预算予以保证的。财政是人民的财政,是纳税人(社会公众)的财政,"取之于民,用之于民"。政府受社会公众的委托,出于社会公众的共同利益和长远利益,从社会公众手中集中一部分财力,以提供公共安全、公共秩序、公共教育和公共设施等公共产品。既然政府财力是社会公众的——公共资金,而办的事情也是社会公众的——提供公共产品,那么,因此而产生的政府收支过程就应当让社会公众了解,并监督政府是否按照社会公众的意愿来安排收支。①

3. 提高资金效率,实现财政平衡

政府有编列预算及使用资金的权力,然而,如何使资金效率发挥到最大,从而使事关国计民生的问题能够得到适当和及时的处理,这无疑亦为宪政国家所必须高度重视的问题。在《联邦党人文集》中,汉密尔顿就告诫我们:"在社会资源容许的范围内,有足够的权力获得经常而充分的货币供应,被认为是每种政体所不可缺少的要素。由于这两方面的缺乏,以下两种弊端必定会产生一种:不是人民必然遭到不断掠夺,作为代替供应公众需要的比较适当的办法,就是政府必然陷入致命的萎缩状态,并且在短时期内灭亡"②。可见,一个宪政国家的存续,在很大程度上必须依赖于财政预算的科学与合理。

1999年4月,亚洲开发银行在其出版的《管理政府支出手册》中建议,良好的公共支出管理须注意三个层面:财政纪律、策略性的资源配置与运作效率。一个能将资源有效分配的预算程序,必须同时解决下列问题:(1)有多少资源可供使用;(2)资源如何使用及用在何处最为有效。说到底,公共财政管理问题的本质仍然是"资源有限,欲望无穷",所以有限资源的配置效率仍然是最值得关注的。预算是人民通过其代表所议定的国家岁出、岁入的契约书,财政的健全是决定经济的根本,在世界各国中,公共预算都是相当重要的。只有预算才能有效推动国内各项重要公共政策,如果国家的财政状况良好、公共预算充足,则能执行更多有利于民生

---

① 参见焦建国:《重建预算制度:建立公共财政的根本途径》,载《社会科学辑刊》2000年第5期。

② 〔美〕汉密尔顿等:《联邦党人文集》,程逢如等译,商务印书馆1980年版,第146页。

的资源配置。

二次世界大战后,由于国家部门急速扩张以及给付行政的"四面出击",公共预算的总体经济能量开始逐渐展现,现代国家除了基本的秩序功能外,也被要求为社会和经济基础的确保、经济发展的稳定、社会福利和社会正义承担责任。预算这种国家制度如同其他国家制度一样,一开始并没有被赋予特殊、超越满足需求的功能,一直到 1967 年德国预算制度改革。《德国基本法》第 109 条第 2 款首度赋予预算在宪法上的特殊任务,规定联邦与各邦在预算上必须考虑总体经济的均衡,这种总体经济上的功能所涉及的就是预算制度的国家目标(Staatszielbestimmung)。① 这项规定的特点在于并不是仅仅涉及一项目标规定,而是规定一项特定的结果——"均衡",作为追求的目标,因此这个规定是否有拘束效力的争议始终不断。一般认为,这项规定是以真正的法律义务加以设计的。

然而,以往公共预算所采用的扩张政策,经过数十年后已出现许多负面影响,其中影响最大的,莫过于预算中产生庞大赤字。国家的政府财政出现赤字,预算编制无疑会受到相当程度的限制。没有充足的预算财力,政府的施政能力势必大打折扣,而且没有多余的回旋余地来完成施政计划,人民对政府的信心和信赖将大幅降低。当人民对政府产生不信任甚至是排斥态度时,对执政党而言,便会面临政治支持度的降低,有失去执政权的可能。如果无法妥善处理预算赤字所造成的财政失衡,也就会失去执政的舞台。如 2003 年发生的美国加州州长罢免一案,民主党籍的州长因加州

---

① 所谓国家目标规定是指宪法中的规范,国家机关必须依据该规范内容行使其权力。有关这个问题可以参考林明锵:《论基本国策——以环境基本国策为中心》,载《现代国家与宪法——李鸿禧教授六秩华诞祝贺论文集》,月旦出版社 1997 年版,第 1467 页以下。

财政状况不佳、大幅举债、预算赤字不断增长,无法提出有效的解决方案,最终宣告加州政府破产而面临下台的命运。

最近几十年来,由于现代工商业社会向多元化发展,人民对政府的要求也越来越多,导致公共事务日益复杂,同时公共预算规模不断扩大,当支出的增长率大于收入的增长率时,财政赤字便不可避免。财政赤字使得政府必须寻找新的财源,而在理性以及自利的动机之下,一国政府很少会通过增税的方式来筹措新的财源,因为唯恐会失去民心。所以,由政府出面举债增加国家可以动用的资源便应运而生,尤其是第二次世界大战后,经济稳定发展,全世界弥漫着乐观的气氛,使得政府支出逐渐失控、政府组织与人员不断增加,以至于政府支出规模不断扩大,使得财政赤字持续增加,公共债务急速膨胀。

在民主政治制度下,公共预算成为官僚、利益团体等政治参与者竞逐的目标,在各种不同的政治力量交易之下,政府的开支会不断扩大,以期使所有的参与者利益均沾。[1] 再加上民选的行政首长与民意代表都有任期的限制,使得这些决策者较倾向于从事短期、立竿见影的政策,对于政府长远的财政问题则多交给后面的政府处理,因而使政府的财政问题更加恶化。[2]

相对地,扩大政府支出的受害者是全体纳税人。对于为数众

---

[1] 在公共选择学派看来,扩大政府支出的政治倾向是民主政治制度下难以避免的难题,在强调选举竞争的民主制度下,政治人物为了竞争选票而通过许多讨好选民的政策,通过扩大政府支出的方式来争取选民对政治人物个人的支持,然而这些政策的利益往往集中在少数人身上,对于这些少数人来说,他们很清楚通过的政策将带来什么利益,所以他们通常能自动地组成利益团体,有组织地、积极地促成符合该团体利益的政策。

[2] 参见黄世鑫:《预算赤字为财政之AIDS:诊断和示警》,载《国家政策双周刊》1993年第58期。

多的纳税人来说,组成利益团体的成本可能会比承受扩大政府支出政策的损失还多;或者因为信息不足,而低估了自己所必须付出的真正成本;①或者只想做个"搭便车"的人,希望通过别人的努力来减少租税,而不愿意负担组织的成本,所以他们多数会选择平均分摊租税,而不是积极地阻止政府支出的扩大,最终使政府赤字的不断扩大不受控制。②

举美国的例子来说,由于总统没有法案的单项否决权(Line-item Veto),即当议会将通过的法案送交总统时,总统要么全盘接受该法案,要么必须全部否决。一旦一项法案是行政部门很想通过的,议会议员们便会尽可能地在行政部门所希望通过的议案中加入符合自己选区利益的条文,让总统无法拒绝这项附加条款,也就是所谓的"猪肉桶立法"。然而,这样的政策支出却需要由全体纳税人来负担,所以美国人民对议会整体表现表示不满,认为其是扩大政府支出的罪魁祸首。

美国在二战后一直奉行凯恩斯主义,以扩大政府支出作为刺激经济发展的手段,由于实行的成果良好,美国的经济一直繁荣发展,让美国人民忽略了预算赤字的积累。然而,在经历了20世纪70年代两次石油危机后美国经济受挫,实行凯恩斯主义的结果造成了停滞性通货膨胀。因此,里根总统执政时,采用供给学派经济学企图扭转低增长、高失业、高通货膨胀的现象。虽然里根成功地扭转了美国的经济形势,然而也带来了无法控制的巨额预算赤字,

---

① 扩大支出的利益可能立即可见,但所要付出的成本很可能要一段时间以后才看得出来,如政府发行公债的利息支出会增加未来的税负,或者因公债过多而引起的通货膨胀等都往往会被短视之人所忽略。

② 参见苏彩足:《〈平衡预算修宪案〉能消弭美国联邦预算赤字吗?》,载《财税研究》1996年第1期。

在里根总统的卸任记者会上,有记者问他对于联邦预算赤字的问题,他也只能回答说:"既然赤字已长得这么大了,它应该懂得照顾自己",一语带过,不了了之。① 布什上任时已认识到预算赤字的严重性,在其任内也试图裁减预算赤字,他提出了"弹性冻结预算政策",即在不加税、不增加政府开支的情况下弹性分配各项预算的比例,希望通过自我克制的做法能够减少赤字的数额,然而成效并不如布什所预想的那么好。预算赤字不断地扩大,成为布什执政时期的致命伤。

当政府的预算出现赤字时,政府必须向民间借款,以维持账目的平衡,然而社会整体的储蓄总额是固定且有限的,所以它可能会造成以下后果:(1)利率提高。在借贷市场上新增的政府借款改变了金融资金原本的供需平衡,将整体的借款利率提高。(2)排挤民间投资。当政府向有限的储蓄额借款时,意味着民间的借款将会受到排挤,而减少了民间投资的资金。(3)通货膨胀。中央银行为维持市场的平衡可能被迫提供融资,因而造成市场中的货币太多,币值降低,进而引发物价上涨。(4)降低工业竞争力。巨额的赤字与金融基本利率过高,会吸引国际性资金进入国内,导致资本净流入,减少国际市场中的本国货币,造成本国货币在国际货币中相对强势,因此在国际贸易中不利于本国产品与他国产品竞争。(5)政府破产。当政府的债务累积到该国政府无法负担时,有可能会出现政府破产的情形,如此一来将引发国内和国际上一连串的金融风暴。

---

① 参见张盛和:《美国预算赤字与财政收支》,载《美国月刊》1989年第1期。

由于预算赤字可能会带来许多严重的后果,①所以古典经济学派对公共预算的观点,基本上是认为政府应该要尽其所能保持预算的平衡,除非特殊情况(如战争)出现。预算赤字的产生是政府无能或者不负责任的表现,它意味着现任的政府花光了自己任内可以支配的经费,却未能完成它所应该负担的政务,同时把债务负担的烂摊子留给了下任政府,并埋下了国家破产的祸端。

欧美国家因为过去财政严重恶化,甚至拖累经济,理论模型也提出反凯恩斯理论的逻辑,证明财政恶化是导致经济长期被拖累的主要原因。为促进经济发展,首要任务就是改善财政,关键就在于加强"财政纪律"。政府应减少支出,缩小规模,在经济不景气时更应如此。也就是说,财政越是窘困、经济越是不景气,政府越应贯彻财政纪律。随着政府职能的扩张和公共支出的日趋庞大,预算制度对于国家经济政策、资源配置已成为关键性的因素。从长期观点来衡量国家整体资源配置,可以通过提高资源合理选择以及预先评估未来预算支出需求来有效地控制支出增长,避免发生年度预算制度下往后年度支出的金额"越来越胖"的缺点。

对凯恩斯来说,预算赤字并不是什么不可原谅的罪恶,反而有时候是解救经济不景气的良好解药,预算赤字不再是不负责任的表征。如果预算赤字运用得当,可以被当作是负责任的财政结果。但是,需要注意的是,凯恩斯理论并非一味地主张扩大政府支出。当经济达到充分就业、经济景气呈现平稳发展时,政府应该维持平

---

① 在1930年之前,美国政府的财政原则一直深受古典经济学派的影响,"公共预算的平衡"是美国人民与政府所笃信的财政道德。然而,对"平衡预算"的坚持在30年代造成了负面的影响,1932年美国总统胡佛为了平衡政府的收支,竟然在全球经济陷入恐慌、美国失业率高达20%、经济部门亟待政府部门援助的时候提高租税,其结果是进一步打击了美国经济,加深了美国和全球的经济不景气。

衡预算,避免对经济造成不当影响。当经济景气过热、通货膨胀产生时,政府则应适时地为经济降温,通过增税、减少政府支出等等方式来稳定经济。此时产生的公共预算盈余可用来平衡之前或未来可能出现的赤字。换句话说,凯恩斯主义所主张的是长期性的预算平衡。只有在经济不景气时政府才采用赤字预算,来刺激景气。①

事实上,财政失衡的现象普遍存在于许多国家,各国政府都有财政赤字和债务不断增加的趋势。为了有效控制政府债务的继续扩张,美国联邦政府早在 1917 年就制定了《第二自由贷款法案》(The Second Liberty Loan Act)用来限制政府的举债额度,以免公债发行无度造成联邦政府的财政压力。其后,联邦政府又陆续制定了 1974 年《议会预算及截留控制法》(Congressional Budget and Impoundment Control Act,简称为《议会预算法》)、1985 年《平衡预算与紧急赤字控制法》(Balanced Budget and Emergency Deficit Control Act)、1987 年《平衡预算与紧急赤字控制法Ⅱ》和 1990 年《预算执行法》(Enforcement Budget Act)等,希望由议会对政府支出规模行使同意或否决权,以限制公共预算资源滥用。

4. 通过资源的公平分配以保障人权

(1) 人权保障与公平分配之间的一般关系

宪政实践证明,人权保障的关键在于为人民权利的实现提供可靠的特殊保障。人权本身可以划分为消极权利(或称消极自由)与积极权利(或称积极自由)两类。对于消极权利的实现来说,必

---

① 但是,以美国的例子看,当经济不景气时政客们会热烈地拥抱凯恩斯主义,不断地增加公共支出,造成庞大的预算赤字;而在必须对抗通货膨胀时,为了怕流失选票而不敢删减公共支出或增加税收,以至于政府的预算常常出现赤字。

须划定一个专属公民个人自治的空间,在那里,国家和他人不得对权利人的权利与自由进行干涉和强制。也就是说,消极自由需要国家权力的容忍与退让。这一要求也就是要建立一个有限政府,政府的权力必须自制、自限,凡人民所能自行作主的场合,都不允许国家的非法介入。但是,对于积极权利来说,它需要政府的协助,如福利权的取得就有赖于国家义务的保证。这就提出了"有效政府"的要求。质言之,政府必须是有效的,它才能切实履行各项职责,保障公民的各项人权。① 要建立一个有效的政府,就必须建构一种合理的财政体制,以维续治安、教育等政府机构的运作,否则,公民的人身自由等自由权利都无法得到基本的保障。而要克服政府滥用权力的倾向,首先就必须控制政府的财政开支,因为政府的存续与运作都有赖于财政提供的资财;控制了政府的财政收支,也就扼住了政府权力机制的"咽喉"。② 宪政要求政府的财政行为以公共利益和为社会提供公共服务为依归。纳税人是税收之源,国家和社会的一切都是纳税人给的,是政府官员的"衣食父母",国家保护纳税人的权利是理所当然的。③

公共预算具体展现国家整体资源"分配"的优先顺序,也反映出当时的经济、社会等问题。公共预算制度在形成本质上是攸关

---

① 自由主义者有一个基本假设,国家能力与个人权利的关系是零和关系:如果国家能力太强,个人权利就会受到威胁;只有在弱政府下,个人权利才能得到保障。他们的逻辑结论是,为了保护公民权利,必须削弱国家能力。史蒂芬·霍姆斯(Holmes)和凯斯·桑斯坦(Sunstein)的结论恰恰相反:没有一个强有力的政府,公民就不可能享有任何权利。他们的这个结论是基于对苏联和东欧乱象的反思。霍姆斯认为,公民权利的前提是存在有效的公共权威。一个丧失治理能力的政府是对公民权利的最大威胁。

② 参见巫建军:《公共财政与财政立宪》,http://www.pbgchina.ch/newsinfo.asp?newsid=6644,2013年10月15日访问。

③ 参见刘剑文:《宪政下的公共财政与预算》,载《河南省政法管理干部学院学报》2007年第3期。

整个经济体系内资源"分配"的事务，政府资源分配的工作即反映政府在整个经济体系中所扮演的角色，而资源分配即代表不同阶层所展现的对于政治、经济、社会各层面资源的掌握能力。就分配公平而言，公共预算无论是岁出还是岁入，都将产生"再分配"效果，预算中任何一项支出和收入，都将使社会中某些人或特定团体得到利益或遭受损失。主要原因是公共预算不同于民间经济活动，在"统收统支"的预算原则下，个别的岁出与岁入项目之间并没有任何直接的关联。因此，公共预算的受益者与成本负担者不是同一个人。这种再分配效果将使公共预算的正常形成成为"零和赛局"。

19世纪意大利经济和社会学家帕累托(Vilfredo Pareto)认为，一个社会的最佳所得分配，是在无人遭受损失的情形下，某些人获得利益的分配方式。引申至公共政策制定时，则可解释为：某一计划或政策至少对一人以上有利且没有人因之受害时，即为一项可以考虑接受的方案或政策。帕累托原则强调"主要之少数，轻微之多数"(Vital Few, Trivial Many)，当这项原则应用到公共事务时，可以结合政策规划原则的"劣势者利益最大化原则"，多照顾弱势族群的利益与权益，并以此缩短社会上贫富差距过大，而达到帕累托最适境界(Pareto Optimum)。①

（2）在保障人权方面公平分配的运作方式

在法治社会，公共预算政策的形成反映出社会结构中所有阶

---

① 所谓帕累托最适境界，是指达到无法再图利任何人而不损及其他人的情境。也就是说，无论资源再如何重新配置或使用，均无法使某些经济个体获取更高的利益，而同时也不牺牲其他经济个体的利益。但在现实社会里，当决策者要提高某些人或团体的利益时，往往多多少少会损害其他人的利益，所以经济学者们所努力追求的帕累托最适境界理想，在实际中常常难以完全实现。

层所展现的社会力量彼此间互动的结果。从新古典经济理论到以政治领域为应用范畴的经济理论——公共选择理论,再到20世纪六七十年代政治经济学的复苏,经济学学术经典的演变反映了一个不可忽视的事实,即政治与经济是密不可分的。在这个意义上,政府与市场、社会之间存在着一种有机性的关系。这样的演变也使新古典经济理论在解释当前民主政治的政府决策行为,特别是攸关资源分配的预算决策上陷入了瓶颈。[①] 一个国家国民经济体系的资源分配受制于政府的预算制度,而其资源分配的具体内容就是所谓的预算政策。从公共预算的本质看,探讨公共预算的形成不仅要考虑经济方面、政治方面,更应该考虑公共预算形成与社会结构之间互动所产生的关联性,这样才能使预算决策理论摆脱"纯经济化"的阴影。因此,应当以配置效率的基础——分配公平,[②]作为探讨公共预算形成时首要关心的重点,回归分配面的古典政治经济学传统。

古典政治经济学(以下简称"政治经济学")在理论本质上迥异于新古典经济理论强调效率、效用的观点,而考虑所处的社会、制度架构下的决策进行模式,根据分配正义原则促进资源的配置与社会的整合。回顾早期古典经济学者对于竞争问题的看法时,可以发现他们的最终目的在于凭借竞争原则来解决社会中权力互动

[①] 经济学之所以开始涉足政治领域,探讨诸如预算决策等政府活动,有两个原因:一是新古典经济理论对于总体经济现象已经逐渐失去其解释能力。此外,在政治学的领域中,由于缺乏特殊的研究方法,政治学者倾向引进社会科学邻近领域的研究方法,这为主流经济理论涉足政治领域提供了一个好时机。

[②] 公共预算的形成本来是分配层面的问题,但不论是新古典经济理论还是公共选择理论都追求公共预算形成的效率目标,却忽略了"配置效率"实际上是附着于分配公平之上的。效率是建立在公平基础之上的,没有公平的分配,也就无法完成效率目标。

的问题,所采用的手段则是需求的满足、符合效率等。可是,新古典经济理论却将需求的满足、效率的追求视为最终目的,因此就忽略了权力在资源分配上所扮演的角色。

不难发现,我们所处的社会是由许多阶层所构成的,每个阶层拥有各自的权力,权力彼此互动的关系构成社会中绵密的人际网络。每个阶层彼此之间为了追求利益而产生许多的冲突。社会结构本身就是一个动态的权力结构,这个权力结构会随着社会不断进行的权力斗争而不断改变。

除了社会结构之外,就政府与人民之间的关系而言,经济结构也是一个重要因素。马克思在《政治经济学批判》序言中说:"人们在自己生活的社会生产中发生一定的、必然的、不以他们的意志为转移的关系,即同他们的物质生产力的一定发展阶段相适合的生产关系。这些生产关系的总和构成社会的经济结构,即有法律的和政治的上层建筑竖立其上并有一定的社会意识形式与之相适应的现实基础。"[①]这种关系会随着生产方式与社会生产力的改变而发生变化,而生产方式是整个社会结构最深层的基础。在这个基础之上统治者与其从属之间关联的政治结构就决定了政府的形态。换句话说,要探讨政府制度之一的公共预算制度与预算的形成,就必须由最底层的社会结构来探讨,才能真正了解预算形成的根本因素。政治经济学的学术经典在经济理论发展的历史中,虽然属于过去式的学术经典,但是它考虑社会体系的动态发展与经济、政治、文化等的互动关系,可以为我们在探讨公共预算形成时提供另一个思考方向。

---

① 《马克思恩格斯选集》第 2 卷,人民出版社 1995 年版,第 32 页。

那么，政治经济学的预算观具有何种优势呢？公共预算是衡量政府责任转变最正确的标准，它反映了政府在经济体系的经济活动。回顾过去一个世纪，尽管市场经济蓬勃发展，减少政府干预市场的呼声不断，但是许多国家的政府功能仍旧不断地成长。特别是经济基础、政治的上层结构与政府财政危机彼此之间的混合已经导致许多政府的行动合理化。①

政治经济学对于资本主义社会政府角色的阐述可分为三种观点，分别为工具主义、结构主义与阶级斗争论。工具主义认为政府是服务资产阶级的利益。结构主义与工具主义都认为政府是为了服务资产阶级而存在，但是不同于工具主义的论点的是，结构主义认为政府是受命于经济结构而不是直接被统治阶级所控制，这是因为资本主义社会中不同产业彼此利益相冲突，它们无法完全一致来控制政府。② 在阶级斗争论中，政府基于某时期内资产阶级与工人阶级权利间的平衡来决定服务的对象，政府不仅寻求资本积累，也寻求私有财产制度的合法性，由于政策是通过公开的参与讨论来完成的，各阶级的利益都能反映在政府的预算政策上，反而可以增进社会各阶级对社会的认同，成为命运共同体。

关于公共预算的形成，不能仅研究政府内部决策行为者彼此的互动关系，还有这样一个事实：政府组织是建立在经济、社会基

---

① 此处借用马克思的社会金字塔模式来说明政府与其他社会结构之间的关系。马克思的社会金字塔由下而上分别为生产力经济基础——包含土地、劳力、资本、技术等，生产关系——包含私有财产权等，上层结构——包含政府、法律等规范。

② 结构主义论者使用"结构性命令""积累的命令""系统性的限制"或是"运行法则"来描述决定政策内容的力量。结构性命令对于公共政策的影响通过两种渠道来进行：第一，资本主义社会的繁荣依靠资本积累率来决定，公民将会视其利益与资本家的利益为一体；第二，资本罢工的威胁将使政府制定有利于资本积累的政策来维持资本家的信心，此举也将对公共政策产生持续的影响，政府的政策也将随着经济情况的变迁而改变。

础之上的。政府组织不能孤立于社会之外,必须与社会紧密相连,特别是提供制度化的渠道供持续性的政策沟通。

公共预算必须放在特定的社会架构下来论述才有意义。不同的社会架构会存在不同的问题,这些不同的问题与民众的福祉息息相关,而问题本身就反映了社会需求,在民主政治国家,这些需求会通过预算政策形成的过程被反映出来。因此,探讨公共预算的形成,追根究底必须回到社会层面。政策分析观点的延伸度主要取决于两个要素:首先是所研究的特定问题中所要考虑的结构要素,其次是问题所处的历史环境。以预算政策形成为例,它不只是一种国家的经济活动,而是社会不可或缺的事务。因此,探讨预算政策的形成,不能仅从政策是如何产生的来着手,更重要的是,我们要去探讨预算政策为何形成,以及政策本身是如何去运作的,这些问题都涉及社会阶级间彼此的关系。

社会本身存在不同的阶层,这些不同阶层在争取预算资源时,彼此之间必然存在冲突,因此可以说预算政策是在特定的社会关系架构中社会、经济、政治冲突下的产物。公共预算的形成本身涉及"权力"对于经济资源的分配,而非理性预算理论所着重的效率问题。政治经济学的观点并非不重视效率,而是认为经济效率的完成是通过更大程度的公平来促成的,所以才一再地强调分配公平是最根本、最重要的问题。预算制度是代议民主政治发展的产物,社会阶层可以在此制度下,通过权力的运作来取得自己所需要的资源。所以,预算呈现出不同社会阶层所分配的利益,也间接反映了社会中权力结构的关系。

人类所处的社会由封建专制转变成现今的民主主义,最大的转变在于对政治、经济、社会各层面资源的掌握。这种掌握的能力,也就是所谓的"社会力量"。社会力量的展现在于社会中有些人相较于其他人,显示出更有能力获取他们自己的目标,而有能力者会忽视较无能力者的偏好。在追求自利、经济自由、交易价值,重视资源的配置效率而忽略资源的分配公平的市场经济体系中,社会力量的不对等将造成资源分配的不均,如此一来,这些弱势者的经济安全势必遭受威胁。这种资源分配不均的情况在资本主义的市场经济体系中是不断上演的,由此也更加突显出政府维护个人经济安全,在资源分配上即公共预算上所应该扮演的角色。

公共预算的形成本质上是一种资源重新分配的过程,而资源重新分配的背后是不同权力竞逐资源。权力的实际运用者就是所谓的权力精英。[①] 权力精英的任务不仅是确保经济体系与经济支配的某种形态,同时也对所支配的范围进行干预。这些权力精英代表了不同的阶层,彼此之间为了本身阶层的利益明争暗斗。他们通过公共预算的岁入与岁出的工具来影响国家经济资源的重新分配。

马克思曾指出,租税竞争是最古老的阶级斗争形式。租税制度是一种特别形式的阶级制度。如前所述,实施民主的政府其实可称得上是富有的乞丐,称其"富有"是因为它拥有主权,可依法掌控所辖区域内的国有财产;称其是"乞丐"是因为其拥有的财产无法任意变卖或是贱卖,因此必须通过租税制度向民间"乞讨"税收。

在预算支出上,政府必须努力去满足两个基本并且经常彼此排斥的功能,分别是积累与合法化。所谓积累是指国家必须去创

---

① 二次世界大战后,权力精英成为各种精英理论中最重要的研究对象之一。权力精英的崛起在于社会阶层的流动性,并强调其对于决策过程的影响力。

造或维持有利于资本积累的条件,而合法化则是指国家必须去创造或维持社会和谐的条件。其实这两者就是所谓追求经济发展的同时,也兼顾社会的公平正义。国家若运用强制力去协助社会中的某一阶级以其他阶级的损失为代价来积累其资本,则将会失去其统治上的正当性,其在其他阶级的支持度也会降低。但是,国家若忽视这种资本积累的过程,则会面临其权力来源、经济的生产剩余以及税收来源的风险。对应上述两种功能,政府的支出也具有双层特质,分别为社会资本与社会费用。

所谓社会资本是指有利于私有资本积累的支出,是间接具有生产性的支出。社会资本又可以分为两类,其中包含了社会投资与社会消费。社会投资涵盖能增加既定劳动力的生产力以提高利润率的一切计划与服务,而社会消费则包含能降低劳动再生产成本以提高利润率的一切计划与服务。① 所谓社会费用则是指维持社会和谐,以实现国家合法化功能的一切计划与服务,如对失业者发放失业救济金。在市场经济社会中,由于追求经济成长、效率目标而经常忽略分配,以至于造成社会中存在许多欠缺经济能力的社会弱者,这些弱势群体的存在就是一个潜在的社会问题。为了维系社会的团结、和谐,维系市场经济的正常运作,以政府公权力介入来保护社会弱者,②将是市场经济社会中政府不可推卸的责任。

在民主社会中,国家整体的经济资源分配也会更符合民主化,而并非是操纵在少数统治阶级的手中,这样下层阶层的需求才得以反映在上层的预算制度、政策之中。从历史潮流演进中可以看

---

① 如社会保险可以扩张劳动力的再生力,同时降低劳动成本。
② 在19世纪的德国,以社会政策改革资本主义的新历史经济学派重视国家权力的伦理,主张由国家权力来保护社会弱者。

到,人类社会是倾向于追求民主的,随着民主程度的与日俱增,社会的需求也越来越能够反映在公共预算政策上。

(3) 重视预算的政策倾斜功能,保证弱者权益的实现

社会公平问题,说到底是如何对待"弱者"的问题。在一个民主社会能够为人们提供大致平等的机会时,余下的问题就是如何使得社会的"弱者"能够获得正常的生存权利。这正如学者所指出的,"在一个层级立体化而非单层平面化的社会中,人权首先指涉的是社会弱势群体的人权"[①]。现代的公共预算理论受到新古典经济理论的影响,把政府从社会结构中抽离,甚至把公共预算决策视为政治市场中的交易,这种以市场为中心,忽略了社会人群的需求才是公共预算形成所考虑的核心问题。任何制度的变迁都是应社会的需求,而社会人群需求的产生就在于社会的变迁改变了社会各阶层彼此互动的关系,社会结构变迁反映了社会力量互动关系的改变进而影响了公共预算制度与政策的形成。

在社保基金制度方面,相关的预算制度也必然受到社会结构变迁的影响。社会对于社保基金需求的呼声反映出公共预算与社会结构变迁之间的互动关系。社保基金的政策反映了在传统家庭观念日渐淡薄的社会中,老年人口的经济安全需要通过政府的有效措施来介入维护。在传统农业社会里,家族发挥保障老年经济安全的机制,但在市场经济盛行的今天我们常发现仍有许多欠缺经济能力的老年人口缺乏适当的照顾。随着社会结构中家庭形态的改变,老年看护已是一个不可避免的问题,因此像社保基金的议题,攸关政府面对社会变迁所产生的经济安全问题时应该扮演何

---

① 齐延平主编:《社会弱势群体的权利保护》,山东人民出版社2006年版,第1页。

种角色,这也必然反映在公共预算的形成上。

公共预算制度是随着社会结构变迁而不断演进的,并不是通过人为理性的改造就能完成改革者的既定目标。具有公共性的公共预算决策若是依赖市场机能,不但无法真正解决公共预算形成本质的问题——资源分配不均的问题,反而可能产生更大的社会危机。一味地强调以工具理性来操控公共预算决策,更容易造成权力精英把持预算决策的状况,而不符合民主政治的真谛。社会需求是无法完全通过强调交易价值的市场机制来满足的,毕竟社会中存在许多弱势者。面对社会结构的变化,以往自给自足的传统社会中,生老病死等人生经历的大事,在集体经济安全体系逐渐瓦解、社会力量不对称的情况下,资源分配更加不均,个人的经济安全已经受到威胁。当前在谈论关于政府角色定位的问题时,应该从马克思的社会金字塔结构来思索,从下层的社会、经济结构所反映的问题来考虑政府角色,通过分配公共资源的架构——公共预算制度,寻求真正反映社会需求,以确保弱势群体的经济安全。

第二章　预算制度可以消除腐败

第一节　预算腐败与公共预算制度的建立

前文我们提及,一个国家最大的腐败和浪费,最可能发生的领域就是预算系统,那是一种体制性的、披着合法外衣的腐败。那么,在公共预算中,腐败的含义是什么?

一、"特殊专款"与预算腐败

美国媒体上频频出现"特殊专款"这个词,在英文里,它叫"earmark",如果直译,就是"耳朵上的记号"。什么是 earmark 的真正含义呢?它一般是指美国国会议员各自根据其选区或者集团需要,插入预算报告中的"相关项目专款",比如自己选区需要修一条公路,就加入交通预算草案中;或者某学校需要某种计算机软件,就加入教育预算草案中等等。一般来说,在审核程序中,它是在预算草案出来后,由议员各自紧急加入的,所以它的透明性、合理性颇受质疑。比如,有一个非常惊心动魄的案例:2004 年 11 月 17 日,国会的拨款委员会审核批准了一项"外交行动预算草案",但是,在接下来的 72 小时里,也就是草案提交整个国会批准之前,各路议员纷纷出马,共加入了 11772 个 earmarks,总额达 160 亿美元。显然国会议员不可能在三天之内阅读分析这些"earmarks",但该议案还是顺利通过了。

earmark 算不算腐败?一方面,大多数议员在加 earmark 的时候,并没有接受任何贿赂或礼物,所以他的行为并不违法。从选区的角度来说,选民选出议员,就是希望他们拉修路费、教育资金等,所以议员们争取"特殊专款",才是合格的"民意代表"。正因为如此,许多议员不但不以 earmark 为耻,反而以此为荣。比如北卡罗来纳州的一个议员,专门把自己争取到的"特殊专款"做成一张地图,上面标注这里是他为当地一个宇航中心争取的 200 万,那里是他为一个地方学校争取到的 300 万,显得他"为民请命"不辞辛苦。但是,earmark 又是议员笼络人心、争取选票的手段。议员可以对真正的公共利益漠不关心,只追逐自己的地区利益或者集团利益,从而使有限的公共资金流到了无足轻重的地方。说白了,就是用公共资金为自己"搞政绩",从而拉选民争捐款。比如,最著名的一个案例是阿拉斯加州两个议员极力推动一个 2.2 亿美元的"特殊专款",要给一个只有 50 个人的岛造一座桥,这事后来成了笑谈,称其为"哪儿也不到的桥"。

各种调查都表明,earmark 的现象近年来在美国议会中剧增。根据一个叫"公民抵制政府浪费"组织的数据,1995 年国会里只有 1439 起 earmark,到 2005 年,已经窜到了 13997 起。earmark 究竟算不算"腐败"?其实,太阳底下没新鲜事,它是"猪肉桶"腐败的一种。

二、"猪肉桶"腐败

"猪肉桶"也是美国政界经常使用的一个词汇。19 世纪还没有冰箱,美国农村都用"猪肉桶"(Pork Barrel)存放腌肉。南北战争前,南方种植园主家里都有几个大木桶,把日后要分给奴隶的一块块猪肉腌在里面。猪肉桶满满就代表富裕,当时有个作家古柏(James F. Cooper)就写道:如果某家的猪肉桶见底,就表示这家人穷到不行。这里"猪肉桶"喻指人人都有一块。后来,政界把议员在国会制定拨款法时将钱拨给自己的州(选区)或自己特别热心的某个具体项目的做法,叫作"猪肉桶"。再后来,美国国会议员们普遍利用所掌握的财政拨款职权进行"政治分肥",以至于花国库钱上的分肥项目在英文中被恶整成专用词汇"Pork Barrel"。

"猪肉桶"作为政治词汇始于1863年,到20世纪已为人所共知。19世纪中叶,南北战争前后,那是美国政风最恶劣的阶段,国会议员和地方政客向联邦政府大力索需,联邦政府为了选票,只得尽量设法让他们满意,许多无意义的公共设施和公共投资相继出现。这种为了政治,尤其是为了选票利益而慷纳税人之慨的作风,从此称为"猪肉桶政治"。"猪肉桶"项目的主要特点是:钱用于特定地区的特定项目,大多数是在有关议员的家乡;为了局部而非整体利益,甚至会损害国家利益;多数议员不知情、没有经过正常的委员会或全院大会辩论,也没有得到多数议员的支持;行政部门没有提出要求甚至表示反对。

起初,"猪肉桶"大多是一些基础设施项目,如开凿运河、疏浚河道、修建公路桥梁,人们称之为"绿色猪肉";后来,出现了资助大专院校和研究机构的"学术猪肉",支持选区军事项目的"国防猪肉";近年来,又出现了帮助开发高性能计算机和高清晰度电视的"高科技猪肉",以及新建、扩建公园、古迹、风景区的"公园猪肉"。

许多"猪肉桶"项目,在外人看来难以理解。例如,50万美元用于恢复牧场的环境,以吸引跳鼠返回;25万美元用于纽约州同性恋服务中心更新设备;15万美元用于印制文字材料,向游人和行人解释花了350万美元修建的一条道路(西弗吉尼亚州);50万美元用于衣阿华州一个减少猪粪臭味的科研项目;堪萨斯州有一些不合群的青少年,喜欢穿黑衣服装神弄鬼,国会拨款25万美元用以遏制这一现象的扩散。美国政府拨款的全国艺术基金会,给一个名叫塞拉纳的艺术家提供资助,他的"杰作"是一张照片——他的尿壶里放着一个塑料十字架。这个基金会还赞助费城现代艺术研究院承办马普尔索普同性恋摄影巡回展。基金会资助过一位"诗人",他的代表作没有题目,只有一个谁也不认识的字"LIGHGT"(LIGHT的意思是"灯光")。一位议员曾经讽刺说,他只要有一根小草、一只松鼠,就可以上个公园项目。

国防项目是块大肥肉,浪费也更惊人。据国防部估计,如陆续关闭早已没有存在价值的军事基地,近期每年可以节省36亿美元,10年共可减少210亿美元支出。国防部每年还要被迫接受许多不需要的武器装备,如在2000年,获得拨款400多亿美元,为海军生产一艘其并不需要的攻击舰。

"猪肉桶"项目名目繁多,国会议员或多或少总可以分得一杯羹,于是在争吃国库时形成了"相互关照"的"合作"氛围。在党派斗争激烈的国会,唯独在"猪肉桶"项目上少有争吵,甚至成为两党"联络感情"的胶合剂。议员之间相互关照,两党之间心照不宣,"猪肉桶"项目越来越多。国会领导也大方,议员找上门,给他点面子,搞一个项目,日后用得着的时候,议员自然会鼎力回报。

人人有份,不等于人均一碗。国会领导人位高权重,重要委员会成员近水楼台,自然当仁不让,要多拿一点。阿拉斯加州人口最少，可人均"猪肉"最多。最典型的例子是，这个州一个仅有300人的小镇，居然获得40万美元建一个停车场。在相当长的一段时间里，阿拉斯加三位国会议员都身居要职，史蒂文斯参议员是大权在握的拨款委员会的主席，穆考斯基参议员是油水很多的能源委员会的主席，扬众议员是众议院拨款委员会的主席，理所当然要多拿些"猪肉"回家。伊利诺依州的舒斯特众议员担任交通委员会主席6年，"养肥"了该州的父老乡亲。公众和媒体对拨款法中的"猪肉桶"项目的不满越来越多。

"反对政府浪费公民协会""全国纳税人联盟""美国人税制改革协会"等民间组织不断发起声势浩大的反对"猪肉桶"的运动。它们一方面跟踪、揭露"猪肉桶"项目，在国会议员中评比"猪肉桶奖"（奖给为家乡捞的钱最多、项目最离奇的议员），出版"猪肉桶"项目汇编（书名《国会猪肉手册》，副标题为"华盛顿不想让你看的一本书"），以引起公众对给家乡捞好处最突出议员的关注。另一方面，它们挖掘议员之间、总统与国会之间、院外游说集团与议员之间的幕后交易，以唤起公民对拨款监督的责任意识。

"9·11"事件后，它们组织了百万人联合行动，针对"打击恐怖分子，保卫国土安全"的呼声，提出了"反对政府浪费，维护财政安全"的口号。国会议员似乎并不在意公众的不满，反而觉得理所当然。首先，"为官一任，造福一方"，也是美国议员经常挂在嘴边的一句话。"人民选我当议员，我当议员为人民"，给家乡父老做点实事是分内的事。其次，税收取之于民，用之于民，将联邦政府以税收方式拿走的钱再拿回来用于地方建设，似乎并无不妥。再说，用在别处是用，用在这里也是用，为什么不能用到议员所在的州（选区)？最后，正如众议院拨款委员会主席扬所说，议员对自己选区的需求比华盛顿的官僚更清楚，既然了解情况，就可以作出更好的决断。再者，钱都是国会立法、总统"划圈"合理合法拨出来的，合乎法律规定。

"猪肉桶"项目大增，还有一个原因，就是在拨款法案审议的最后阶段，特别是在统一文本时，常常是关起门来作幕后交易。出席联席会议的议员和白宫官员讨价还价，大多数不能与会的议员都会把自己的项目托付给与会议员，并作为自己最终是否投票赞成妥协方案的筹码。最后文本出来的时候，当天或第二天就要表决，谁也没有时间看个遍，只要看到自己的项目或关注的问题得到落实，这就行了。最典型的是1998年年底，13个拨款法中有7个被总统拒签。最后，经过马拉松式的会谈，7个拨款法被捆绑在一起，包含5200亿美元的拨款，文本有4000多页，4磅重，达成一致的当天晚上众议院就表决，而且不能再作任何改动，否则又会没完没了地拖下去，没有哪个议员能从头看到尾。等大家有时间看的时候，已是总统签署生效的法律。国会内部也有人主张减少"猪肉桶"项目。1994年，金里奇一鸣惊人，率共和党同时夺得参、众两院多数地位。他提出的"美利坚契约"就有减少浪费、严格审批的主张。新任众议院拨款委员会主席利文斯顿1995年1月10日发誓：用鳄鱼皮刀、长猎刀和大砍刀"三刀并用"，削减开支和"猪肉桶"项目，但他上任后，"猪肉桶"项目还是有增无减。

2008年金融危机时，时任美国总统布什7000亿的救市计划在9月29日众议院表决中令人惊讶地未获通过。白宫和两党领袖此后都在尽最大努力"策反"那些当初说"不"的众议员，争取让他们在10月3日的第二次表决中对修改后的新方案"亮绿灯"。与此同时,一些用来取悦地方选民的"猪肉桶"项目也被硬塞入新方案,好让那些犹豫不决的众院议员们赶紧下决心。

最初对救市方案说"不"的众议员们就面临着这样的诱惑:如果这一次投赞成票,和新方案捆绑在一起的那些能取悦选民和特定利益团体的"猪肉桶"项目也将成为现实。10月2日,两名来自俄勒冈州的参议员在新方案里加入"削减儿童木制弓箭玩具生产商39美分税款"的条例,这可以挽救该州一家名叫"玫瑰城"的玩具公司。三名来自俄勒冈州的众议员当初否决了救市计划,而这次可能因为这一条例改弦易辙。

新方案中类似的"猪肉桶"条款还包括:赛车跑道工程商将获得1.28亿美元的减税,这对盛行纳斯卡赛车运动的弗吉尼亚和北卡罗来纳州来说无疑是好事一桩;向小型电视和电影制作公司提供1000万美元的减税能够让来自洛杉矶的众议员对新方案回心转意等等。

新方案不仅包含大量减税内容,还有其他"甜头"。将联邦存款保险上限从10万美元上调到25万美元,这对当初说"不"的133名共和党人颇有吸引力。大部分非裔民主党人起初也投下了反对票。但新方案中有了削减财产税的内容,而这正是他们一直希望看到的。

"猪肉桶"本质上是一种特殊的腐败。华盛顿公共预算观察民间组织的一份报告称,在20世纪90年代初,国会的"猪肉桶"项目尚不超过600个,到2009年,带有明显分肥性质的"猪肉桶"剧增为21200个。这些"猪肉桶",有的是说客行贿的结果,有的是政治利益交换的产物,有的给了议员所在的选区,有的干脆绕道进入了国会议员的私人腰包。例如,前众议员坎宁安利用自己在众议院拨款委员会任职的便利,把"猪肉桶"倒腾给某军火商后,将240万美元收入囊中。2010年2月8日去世的默尔萨议员,攥着众议院拨款委员会主席的大印,拿"伊战"做足文章,至少在"猪肉桶"项目上分食了1850万美元。

"猪肉桶政治"之所以是一种恶,是因为纳税人辛辛苦苦地"养猪"(纳税),而那些腐败者们则利用权力滥花纳税人的金钱,他们欢天喜地同朋友们分着吃"猪肉"。"猪肉桶政治"之恶具体表现在以下几方面:第一,它败坏了经济、公共建设、公共行政等每个领域长期发展出来的专业性,外行取代内行;第二,它在严重时会错误配置有限的国家资源;第三,最严重的是它败坏了政治风气和公共价值标准,让政党沦为帮派,政治变成分赃,一切的公共决策则成为赃掠的黑箱。而国家当然也谈不上什么长远的目标。

下面,让我们具体看看促使美国城市公共预算制度诞生的纽约城的腐败。19世纪中期,再也没有比纽约城的坦慕尼大厦更腐败的案例了。

三、前公共预算制度时期的纽约城腐败时代

1786年,一群前乔治·华盛顿大陆军里的士兵联合起来组成了自己的政治组织,他们称自己为坦慕尼圣公会。该政治团体以印第安人热爱和平的伦尼莱纳佩族首领坦慕嫩德的名字命名,也自称"圣坦慕尼之子"。因为坦慕尼圣公会聚会的大厅设在坦慕尼旅馆,不久之后该组织被称为坦慕尼大厦。

坦慕尼大厦的首位领导人艾伦·波尔非常敌视华盛顿,称其为"冲动的暴发户"。独立战争结束后,波尔来到纽约定居,成了非常成功的律师。他与纽约城的富人建立起了紧密的联系,同时也

关心下层民众的利益,这些关系后来成了坦慕尼派领导人的政治筹码。

19世纪初欧洲移民潮水般涌入纽约城,给坦慕尼派带来了可乘之机。从轮船下来之后,移民们发现自己置身于各个工会和不同派系的威逼利诱之下,各个组织都许诺帮助这些初来乍到的穷人在陌生的国度生活下去,而移民们需要以手中的选票作为回报。有些组织确实兑现了自己的诺言,给移民提供食物、住处、工作等最基本的保障,还常常帮助他们对付警察,选民们自然感激涕零。

在南北战争期间,坦慕尼派摇身一变成为美国民主党的同盟,并进而控制了纽约市民主党,随后控制了纽约市。坦慕尼派获得的第一个重大政治胜利发生在1854年,其首领弗兰多·伍德当选纽约市长。他上台的第一件事就是尽力保证爱尔兰移民的利益,这条政治策略在后来的选举中得到了回报。可以说是伍德启动了坦慕尼派的腐败机器。

坦慕尼派通过控制纽约的市政资源,用政府的工作机会来换取选票,用政府的合同换取贿赂的方法,明目张胆地实行"权钱交易"。坦慕尼派的大佬们被人们称为"老板",老板们通过种种途径捞钱自肥。而这些老板中最出名的要数威廉·特威德了。没有任何一个政治家比威廉·特威德更堪为都市腐败的典范。威廉·特威德是真正的本土黑帮的幕后大老板,倚仗本土黑帮的支持对纽约进行统治。

威廉·特威德1823年出生于纽约城。11岁的时候,他离开学校到父亲的帽子作坊当学徒。两年后,老特威德把儿子送到马具和五金商人处学习。后来特威德又当过木匠、记簿员、消防员。1851年当选纽约市议员,并开始在政坛上急速冒升。1860年当选民主党纽约县主席,成为坦慕尼派的首领。在1860—1870年间,特威德操纵了纽约州和纽约市所有官员的任命,同时借助黑帮的力量,以非法手段强迫所有大小选举结果合乎自己的意愿,包括纽约州议员、纽约市市长等关键职位的人选,都必须经过他的同意。在他控制纽约期间,共指使他人及自己贪污骗取了3000万至2亿美元的政府公共基金,培植和利用了多股黑帮势力。

在坦慕尼派的统治下,从1890年开始,纽约市的债务飞快上升。从1874年到1887年的13年中,纽约市债务从1.182亿美元上升至1.245亿美元,到1896年纽约市的债务达到了1.86亿美元。

债务的攀升在很大程度上是由坦慕尼派的腐败造成的,而坦慕尼派之所以能够贪污政府资金,主要是因为当时城市的公共预算制度还没有建立起来。直到19世纪末,纽约市的征税原则还是"以支定收"。财政方面的决策机构由8人组成,包括市长、总会计师、市政委员会主席和5个区的区长,这种审议大多流于形式,给了贪污腐败以可乘之机。面对纽约市无节制的负债和花费,很多会计制度的改革者都意识到,必须限制坦慕尼集团对城市财政的控制。

20世纪前,美国从联邦政府、州政府到地方政府,都没有完整的公共预算制度。那时所谓预算不过是一堆杂乱无章的事后报账单。在这种情况下,民众和议会都无法对政府及其各部门进行有效的监督,结果为贪赃枉法留下了无数机会,腐败现象屡禁不绝。

四、腐败催生了美国公共预算制度

在肃清坦慕尼派势力的同时,1905年,纽约市进行财政行政改革的专业会计师与反对城市腐败的社会改革者们走到了一起。1906年,他们成立了"城市改进局",并于1907年正式组建了"纽约城市研究局"。也正是在这一年,纽约市经历了严重的市政公债兑付危机,引发严重社会动荡,纽约市政府在向JP摩根集团借款300万美元后,才勉强渡过了危机。

面对危机,改革派指出,预算问题绝不仅仅是个无关紧要的数字汇总问题,而是关系到民主制度是否名副其实的大问题。没有预算的政府是"看不见的政府",而"看不见的政府"必然是"不负责任的政府"。以此为契机,改革派制定了现代意义上的公共预算的科学原则,在民众的敦促下,纽约市在1908年推出了美国历史上第一份现代公共预算。当然,这份预算还很粗糙,只有市政府的4个主要部门拿出了分类开支计划。之后几年,纽约市的预算日臻完善。到1913年,预算文件已从1908年的122页增加到836页。

纽约市的经验很快引起了美国其他城市的兴趣。1916年,"预算"这个词就像"社会正义""美国方式"一样,成为时髦流行的政治术语。1921年4月,新当选的沃伦·哈丁总统正式签署了《预算与会计法》,从而在法律上完成了美国联邦一级的公共预算制度改革。这是坦慕尼派当初无论如何也想不到的。

第二节 预算法治将对消除腐败发挥釜底抽薪作用

所谓腐败,是指借公权谋取私利。公权的行使,有可能增加或者侵害相对人的利益。因此,相对人趋利避害的天性,必定使他们具有强大的寻租激励,利用各种方式诱使公权力的掌握者滥用职权;相对而言,公权力的掌握者,如果缺乏到位的监督,必定以权谋私。

"天下熙熙,皆为利来;天下攘攘,皆为利往。"从实践看,腐败并非无处不在,而往往是逐利而生。因此,利之所在,往往腐败之所存,自然也应作为反腐败的重点。依据影响相对人利益的程度,通常可以将政府行为区分为授益行为和侵益行为。在授益性的政府活动中,腐败最易发生在行使预算权、许可权以及任命权等领域。而在侵益性的政府活动中,腐败主要表现为贪赃枉法、裁判不公。

预算权的行使,将直接决定国家经济资源的分配方式和受益对象。基于人自身的本性,对预算资源的明争暗夺,几乎成为各个社会都司空见惯的现象。如前文所述,在19世纪的大部分时间里,美国各级议会的议员在法案通过后即向法案受益者索要金钱的事情俯拾即是。其他国家在历史上的某一阶段,类似事情也大同小异,不列颠、斯堪的纳维亚国家、日本都曾经经历过腐败泛滥的黑夜。① 历史地看,如果缺乏必要的制约,预算领域往往成为腐败的高发地。

近年来,我国社会流行所谓"跑步(部)前(钱)进"("跑部钱进")的说法,且有愈演愈烈的趋势。其根源正在于有关政府及其部门掌握的经济资源,未能纳入较为规范和严格的预算控制,国家经济资源分配的合理性、合法性都充满疑问。如果不能建立法治化的预算体系,是很难根除整个过程中充斥的腐败行为的。日积月累,共和国的"千里之堤",必定"溃于蚁穴"。相反,如果建立了

---

① 参见〔瑞典〕冈纳·缪尔达尔:《亚洲的戏剧》,方福前译,首都经济贸易大学出版社2001版,14"腐败——原因和影响"。

科学规范、明晰完整的法治化预算制度,则公共经济资源的收与支,都将置于全体社会成员的眼睛之下,人们对于政府征收和分配社会经济资源的原则、方式、数额都将高度关注。在这种情况下,暗箱操作、"跑步(部)前(钱)"将必然无所遁形、难以藏身。从这个意义上说,预算法治对于清除预算领域的腐败行为,是具有釜底抽薪的效果的。

更进一步说,在腐败行为的另外几个高发领域,加强预算法治也能发挥遏制作用。其一,许可权的行使,将授予相对人以禁止一般公众从事的商业准入资格,从而为后者的经营提供了一般公众不具备的有利条件。因此,获准许可的难易程度,往往与其获利大小成正比。也就是说,越是公众容易取得的许可证,其获利前景通常越小;越是公众难以取得的许可证,其获利的前景通常越大。在这种情况下,人性将驱使人们努力克服障碍,获得最富有价值的许可证;如果缺乏相应的监督,一些不法交易必然滋生蔓延。坦率地说,对控制这类不法活动,预算能够发挥的作用是有限的,但至少可以通过预算法治,严格控制乱收费、乱摊派等行为,同时拒绝为那些旨在"设租"的政府许可行为提供拨款。

其二,任命权的行使与政治利益的分配密切相关。近年来不断揭露的"权钱交易""买官卖官"行为,暴露出在行使任命权的过程中,已经与各种经济利益纠缠得十分紧密。而买官卖官活动之所以能够成交,关键在于其相应的资金供应——既有不法所得,也有被滥用的预算资源。既然如此,加强预算法治,严格控制乱收费、乱摊派、乱集资,将有利于掐断不法资金的来源;同时,规范预算资源的合理使用,则可避免它被少数不法之徒用于"权钱交易"。一旦预算法治得到落实,少数人通过操纵任命权进而操纵预算权获取不法利益、染指预算资源的企图将最终被遏制,从而反过来打击"买官卖官"等不法活动。

相对来说,对侵益性政府活动中发生的贪赃枉法行为,预算法治能够发挥的作用恐怕是比较小的。原因显而易见,毕竟在侵益性的政府活动中,政府的预算资源使用得更少一些。

总之,从目前现实看,加强预算法治,虽然不能说可以完全消除腐败现象,但它确实有可能在若干腐败高发领域起到釜底抽薪的作用,清除腐败活动滋生的一大片土壤。

第三章　预算提案的行政属性与法律控制

在现代世界各国的立法实践中，预算提案权大多归属于行政部门（即行政权），这已成为近代国家的共同趋势。如英国自1706年起，议员即不能"提出支出案"，仅许可行政部门提出；美国的编制预算权本来属于议会，1921年制定《预算及会计法》，将编制预算权交给总统（议会仍保留主动性的预算提案权）；日本《宪法》第86条、《德国基本法》第76条第1款、法国《宪法》第39条第2款也都有类似规定。所谓"预算提案权"是指行政部门向立法机关提出预算案的权力。然而，这种权力究竟归何类机关行使为宜，其运作过程中需要受到哪些法律限制，仍然是宪政制度上极具争议性的问题。

第一节　预算提案权的行政权专属性

一、预算提案权的主体争议

公共预算的预算提案权究竟应归属于行政部门还是立法部门，学说上众说纷纭。尽管在宪政国家的历史惯例和法律实践中，预算提案权大多归属于行政部门,但预算提案权的归属在法理上是不是必然推定属于行政权?预算提案权究竟是否归属于行政机关?学说上有否定说与肯定说两种观点。

1. 否定说

这种观点否定行政机关是拥有公共预算提案权的专属机关。例如,我国台湾地区学者蔡茂寅从权力分立的观点出发,主张预算的编制权与提案权在本质上并不必然归属于行政权或立法权,而应特别注意权力间的制衡原理。具体而言,若将预算的编制、提案权划归立法部门,则必须考虑赋予实际执行预算的行政部门有事前参与和事后否决的机制(如美国);若如内阁制的英、日、德和法国宪法规定将预算的编制、提案权专属行政部门,显然就必须强调立法部门的财政民主统制权,而不应对立法机关的预算议决权过分严格限制。[①]

日本学者杉村章三郎从人民主权的角度考虑,认为并不能必然导出预算提案权专属于行政部门。他认为如果将预算自始至终认定为行政作用,或许从权力分立原则角度可以认为预算提议权当然属于行政部门。但必须要能够解释为什么预算必须经议会决议后才能成立的问题。因此,预算提案权之所以属于行政部门的根据,是因为这样最适合预算的目的;而议会对预算之所以有最终决定权,是因为议会对人民的利益有权作最终确认。[②]

2. 肯定说

肯定说主要基于财政法学观点,认为作为保障行政权的预算

---

① 参见蔡茂寅:《财政作用之权力性与公共性》,载《台大法学论丛》1996 年第 4 期。
② 参见陈春生:《"立法院"对预算审查案议决权之范围及其应有之限制》,载《宪政时代》1994 年第 3 期。

案提案权,旨在要求立法部门尊重行政机关对于预算规划的原初判断权。换句话说,行政部门对于预算的形成具有第一次判断权,立法部门必须加以尊重。

二、预算提案权的国外立法情况

作为预算制度发源地、议会制度之母的英国创建议会的目的主要就是为了控制国王的财政权力,因此,议会拥有财政上的发言权,这是议会存立的特质。然而,随着虚位元首和责任内阁制度的建立,行政机关开始主导法律案的提出,预算案的提出也改由内阁负责。后来其他内阁制国家,如德国,也将预算案的提案权交给内阁(行政机关)行使;① 日本的预算案原则上也是由内阁(行政机关)向议会提出。②

1. 德国宪政制度中的预算提案权

德国联邦政府单独拥有预算提案权,联邦预算筹编职责属于财政部。预算草案在送交议会审议前,财政部须先与各部协商完成最后协议,再将预算案提交内阁。联邦政府召开内阁会议讨论财政部所提出的预算草案。内阁会议讨论预算案时,财政部长拥有否决权,即使是总理提出的意见,财政部长也可以否决。内阁会议讨论并通过预算案后将其送至联邦议会等待审议。议会固然可以将政府所提交的预算案全部退回重议或就个别部分加以削减,但毕竟不能取代行政机关而将自己的计划以新的科目或增加科目

---

① 《德国基本法》第110条规定:联邦政府每一年须同时将预算计划草案以及预算法草案交给联邦参议院并向联邦议院提出。

② 日本《宪法》第86条规定:"内阁应编制每一会计年度预算,提供议会审查,并经其议决。"

强加于行政。预算(案)本身仍然是行政事项。由此可知,德国的预算提案权专属于行政部门,议会不得自行提出预算案。

2. 日本宪政制度中的预算提案权

日本《宪法》第 65 条规定:"行政权属于内阁";第 73 条规定:"内阁须编制预算,提出于议会";第 86 条规定:"内阁应编制每一会计年度预算,提供议会审查,并经其议决。"因此,只有内阁拥有预算提案权。而根据日本《财政法》第 18 条、第 20 条和第 21 条的规定,日本政府的预算编制是由财务省负责,由内阁中的财务大臣负责编制岁入岁出等概算、岁入预算明细书和预算书,因此财务省在预算过程中拥有极大的主导权。按照《财政法》的规定,财务省在完成预算草拟后,应将拟订的预算草案送交内阁会议决定。内阁就预算报告举行内阁会议,准备对议会作预算报告。等预算文件准备完成送至议会,就进入了预算审议程序。所以,日本的预算提案权属于行政权。

3. 法国宪政制度中的预算提案权

法国公共预算的提案权也在行政部门。法国预算案的编列和准备工作由总理负责。预算编列的过程中,部与部之间竞争财政资源的争议,原则上也由总理负责仲裁。预算编制完成后,汇整成财政法案送至经济暨社会委员会和中央行政法院,再送交部长会议讨论,最后预算案以财政法案的形式连同相关预算文件送交立法机关审议。

4. 美国宪政制度中的预算提案权

美国《宪法》第 1 条第 7 款第 1 项和第 1 条第 8 款第 1、2 项规定:一切征税议案应首先在众议院提出,议会有权征收直接税、间接税、关税与国产税、偿付国债,有权偿付国债和规划合众国共同防务与公共福利,将课税权、债务举借和偿还、提供国防和公共福利等权力赋予议会;第1条第9款第7项又规定:"除根据法律规定的拨款外,不得从国库提取款项"。从宪法规定看,美国联邦公共预算提案权属于议会,即财政资源的筹措与分配是由议会控制,联邦政府总预算最初是由联邦议会编制并议决的。因此,美国立宪之初的预算决策权完全被赋予议会,议会享有完整的预算权。总统只有"被动"的预算执行权。预算是由各行政部门分别将其预算案送交议会审议。宪法赋予议会十七项权力以及"适当且必要条款",使议会可以决定各项政策、法案和预算,同时宪法仅赋予总统"行政权"(Executive Power)一项权力,其实就是执行的权力,总统必须依照议会所通过的预算案来执行预算,没有太多的自由裁量权。

虽然美国宪法有上述明文规定,然而事实上议会毕竟没有办法为行政机关编制预算。1921年《预算与会计法》(Budget and Accounting Act of 1921)制定后,议会开始逐渐将部分预算决策权委托给总统,改由总统向议会提出预算案,再由议会审议,议会仍保留了相当大的主导权。① 从此联邦公共预算的编制开始正式改由总统所属的预算局(OMB)统筹规划,并确定了由总统向议会提出预算案的体制。

美国宪法一方面规定议会有制定征税和拨款法案之权;另一方面又规定总统应定期向议会报告联邦政府施政情况,并向议会提出适当且必要的措施供议会审议。总统每年除了应向议会提出国情咨文外,也要提出预算咨文,建议议会制定相应的法律案和预

---

① 美国1921年《预算与会计法》规定,总统有准备和提交年度岁入、岁出预算案于议会的义务。但这并没有拘束立法部门的效力,议会拥有完全自由的修正权;对议会审议通过的预算,总统可以以否决权反制,这时参众两院都必须以2/3的优势多数才能反否决。

算案。也就是说,预算案的制定虽然是属于议会的权力,但是总统享有编制预算和向议会提出联邦预算草案的权力。

综上分析,美国政府的预算过程具有下列特点:议会与总统都拥有预算提案权;议会除了有权审查总统提出的预算案外,也有权提出自己的预算案。

三、预算提案权专属行政机关

1. 预算的复杂性决定了交由行政机关行使提案权的正当性

如前所述,财政预算是个高度复杂的技术问题,它既要考虑国家总体的政策目标,又要顾及资源的合理配置;既要用来推动国家的政治经济建设,又要将很大一部分资源用于人权的普遍保障及弱势群体的特别维护。这样一种繁重的计划编列任务,对于人数众多而代表(议员)又大多不谙财政事务的代议机关来说,显然是一项不可能顺利完成的任务。相对来说,行政机关"较之法院、立法机关或当选行政官员而言,拥有若干体制上的实力,能够据此处理各种复杂的问题。其中最重要的大概是拥有具有专门才能的工作人员:每个机关均有权雇用它所需要的能够完成工作的人员,这些人具有各种综合才干、技能和经验。此外,由于特定的机关负责公共政策的某一有限领域,该机关便得以通过不断地接触那一存在问题的领域而发展所需的专长"①。行政机关尤其是财政部门的官员,长期担负着组织和管理财政的职责,因而由他们来编列预算,显然更为合适。

---

① 〔美〕欧内斯特·盖尔霍恩、罗纳德·M. 利文:《行政法和行政程序概要》,黄列译,中国社会科学出版社1996年版,第1页。

2. 预算提案权归属行政部门是各国宪政的通例

"在每一个国家,预算程序都被视为行政部门的重要工具,使它能够把政策化为行动,把行政部门的活动加以控制,以配合国家政策,并使财政管理井然有序。由于预算上的决定往往最能反映政策,因此预算就成了计划的工具。"① 在我们以上列举的德、日、法、美等国的公共预算提案制度上,大多数国家都是采用由行政机关来行使预算提案权的做法。实际上,各国都采用大致相同的做法,与我们前面所说的预算本身的专业性、技术性难度是密切相关的。这不是立法机关推诿责任,而是预算本身的复杂性所致。

3. 预算提案权归属行政部门有利于权力的分工与制约

"在分权的体制下,必须把各部分设计得使它们的工作目标不能完全相同。"② 分工的明确化是国家管理高效的基础,因此,在权力分工体制下,每一个部门的权力的范围、形式、手段等,都应当在法律中有明确的界定,这是保证其权力边界不致为其他机关逾越的前提。将预算提案权交由行政机关来行使,本身就是权力分工合理化的要求。实际上,既然由行政机关负责财政岁入、货币和经济政策的制定与执行,那么有关岁入、岁出的预算编拟和提案由行政机关主导可以避免收支失衡。同时,将预算提案权交给行政机关行使、预算案审议权保留给立法机关行使,这也符合人民主权原则和权力分立原则。

此外,我国《预算法》第37条规定:"国务院财政部门应当在每

---

① 〔美〕赫尔曼·M.萨默斯:《总统府》,载〔美〕斯提芬·K.贝尼编:《美国政治与政府》,宾龙译,河北大学法律学系1981年翻印本,第32页。
② 〔美〕P.C.奥德舒克:《立宪原则的比较研究》,程洁译,载刘军宁等编:《市场社会与公共秩序》,三联书店1996年版,第116页。

年全国人民代表大会会议举行的一个月前,将中央预算草案的主要内容提交全国人民代表大会财政经济委员会进行初步审查。省、自治区、直辖市、设区的市、自治州政府财政部门应当在本级人民代表大会会议举行的一个月前,将本级预算草案的主要内容提交本级人民代表大会有关的专门委员会或者根据本级人民代表大会常务委员会主任会议的决定提交本级人民代表大会常务委员会有关的工作委员会进行初步审查。县、自治县、不设区的市、市辖区政府财政部门应当在本级人民代表大会会议举行的一个月前,将本级预算草案的主要内容提交本级人民代表大会常务委员会进行初步审查。"依据上述规定,我国实务上一直维持着仅由行政机关向立法机关提出预算案的模式。因此,结合法律的规定,本书认为除了行政机关外,其他任何机关都没有径自向立法机关提出预算案的权力。

严格说来,预算提案权是行政部门对预算形成的第一次判断权,立法机关应当加以尊重。实际上,立法机关除了每年要审议预算案外,还有繁重的立法任务,没有余力兼顾编制预算和提案的重任。至于在防范行政部门滥用预算提案权上,各国也发展出相应的对策,如允许独立机关(如司法机关)具有预算提案权、代议人员具有增加预算支出的提议权或是用编制权的分散方式来平衡。

第二节 预算资金来源的法律控制

公民财产权的让渡成为国家存在的基础和前提,公民对其财产权的让渡也是国家征税权的基础,"不征收与开支金钱任何政府都无法存在"①。立宪主义对政府权力的制约,就首先体现为对政府征收赋税和使用赋税的限制。② 因为这不仅涉及对人民财产权的保障,也关系到如何确定政府权力的适当范围。

一、预算资金依赖于税收

民意代表审议预算,并不仅仅是"为人民看紧荷包",更是为人民谋福利。但"福利"由何而来?"福利"从预算中来,而预算的资金保障依赖于"税"等强制性收入。

"租税"在中国历来被解释为"田亩所入曰租,百货所入曰税",而"税"这个字,按照中国字形的解释,"禾"代表"稻","兑"为象形字,含有跪地双手捧物奉献之意,代表"交换或向神供奉物品"。法语的"税"为"Impôt",意大利语为"Imposto",都是"使其承担恼人的负担"的意思。英语"Tax"或德语"Abgaben"则为"共同分担国家支应的钱"。因此,对中国而言,租税是感谢国家的一种经济行为,在法国、意大利被认为是国家一种强制征收的权力,英、美、德等国认为其是大家缴纳国家所赋课之租税。

宪法中"公民有依法纳税义务"的规定正当性从何而来?国家有什么权力向人民征税?人民又为什么要纳税给国家?这是相当难以回答的问题。在现实生活中,人民对租税的不满情绪溢于言表。③ 只要是公民,就必须纳税,但大家也常在私底下抱怨:"政府

---

① E. C. S. Wade and G. Godfrey Phillips, Constitutional and Administrative Law, Longman Group Ltd. ,1997, p.186.
② 参见王怡:《立宪宪政中的赋税问题》,载《法学研究》2004年第5期。
③ 每当问到企业或者居民现实中国的税负重不重时,回答往往是重或者很重。无独有偶,世界闻名的福布斯杂志在2005年发布了一个所谓"全球税收痛苦指数排行榜",把中国排在了全球第二。参见高培勇:《全球税收痛苦指数中国第二 我税负到底重不重》,http://news.xinhuanet.com/fortune/2006-09/26/content_5137315.htm,2013年10月25日访问。

到底为我做了些什么,为什么我必须缴纳如此多的税?"①虽然"公民有纳税义务",但究竟是依据什么理由,人民必须把血汗所得的一部分无代价地奉献给国家?尤其是每当政府引入新税、提高旧税率或变更课税标准时,这个问题的重要性愈发突显。在封建时代末期,人民重税、贵族免税、不公平人头税、过重盐税等导火线引发了法国大革命。随之而起的立宪国家主义、租税法律主义逐渐确立:主张国家财政——公共财政(Public Finance);岁入的中心为租税,成为"租税国家";租税立法必须征求人民代表的同意。

(一)租税的正当性

1688年光荣革命后不久洛克出版了《政府论》,这部著作使得下列观念得以普遍流传:政府是基于人民的同意,并受自然权利(包括生命权、自由权和财产权)的拘束,而这些自然权利正是人们进入市民社会时就享有的,政府的责任就是要保障这些权利。因此,现代国家并不是一个抽象的概念,而是一种制度。卢梭在《社会契约论》中说:"国家的四大要素为人民、领土、主权、政府……主权是人民的公意,政府则受命于人民,替人民执行公意……"②

租税最主要的目的在于提供政府支付诸如国防安全、司法、警力、消防、交通、基础教育等公共财货、公共服务的财源。而人民利用政府提供资源所付出的价格,就是人民所缴纳的租税。

租税按其负担分配方法、课征方式的不同,具有财产或收入再分配的效果,同时也可以对特定产业或企业给予保护或奖励。另

---

① 我国个人所得税的最高边际税率为45%,企业所得税的税率为33%,增值税的税率为17%等。这些税种的税负水平同其他国家的相关税制规定比起来,中国的税负确实不能说是轻的。参见高培勇:《全球税收痛苦指数中国第二 我税负到底重不重》,http://news.xinhuanet.com/fortune/2006-09/26/content_5137315.htm,2013年10月25日访问。

② 〔法〕卢梭:《社会契约论》,何兆武译,商务印书馆1980年版,第75页。

外,也能利用租税促进资本积累、奖励储蓄或抑制消费等。由此可知,租税目的除了提高政府收入外,还有保护关税、人口政策、社会政策、经济政策等次要目的的存在。

(二) 人民有纳税的义务

权利是人民所欲的,但义务却令人厌烦。宪法规定纳税是公民应尽的义务,公民在享受政治自由权和社会经济权的同时,也应担负义务;同时,公民的意义主要反映在"缴税"和"享受公共支出"上。

租税是人民受益于国家的代价。国家是个人生存必需的共同机构,如果没有国家,也就不会有个人的存在。人民根据政府贡献的多少缴纳相应的税额能够起到刺激政府、提高政府效能的作用。国家能力的一个重要指标是财政汲取能力。

权利保护与公共财政之间存在着某种相关关系:需要保护的权利越多,公民就必须缴纳更多的税。相反,政府在财政上的汲取能力低下,政府便无力负担规范运作的国防、行政、司法、执法、监察体系,因此也不可能有效地保护公民权利,包括他们的生存权。[1] 政府单方面的投入和人民单方面的取得,都无法使国家得以存续,人民在享受权利的同时,也应有所贡献与付出,所以康德认为"义务的目的是自己的完善、他人的幸福"[2]。为了使国家和政府得以存续,在人民生活可以更加完善的前提下,纳税是一种义务。

根据国家和人民之间的关系,可以推导出国家有征税的权力、

---

[1] 参见:《自由派? 自由"左派"还是自由右派?》,http://www.eku.cc/xzy/gw/12850.htm,2013 年 10 月 25 日访问。

[2] 转引自李秋零主编:《康德著作全集(第 6 卷)——纯然理性界限内的宗教道德形而上学》,中国人民大学出版社 2007 年版,第 289 页。

人民有纳税的义务。政府向人民征税的理由是:(1)人民、政府、国家的关系。人民向政府交付代为管理国家的权力(利),政府代表人民治理国家。(2)政府创造环境、改变环境。政府创造社会与经济环境,以利投资、就业或居住。(3)人民享有利益。国家提供人民居住的基础环境,人民享有国家提供的环境与环境产生的利益。

(三)租税原则

亚当·斯密对租税提出了四大原则:[①](1)公平原则:每一个国家的国民应当尽可能地按照各自能力的大小,对维持政府作出贡献。换言之,人民为了维持政府的存在及有效运作,应依照他在国家保护下所获得的收入按比例纳税。(2)明确原则:每个人民必须缴纳的赋税应当是确定的,不能是不定的,不能任意变更。赋税缴纳的时期、方法、金额等必须让所有纳税人或其他任何人都清楚明了。(3)便利原则:每一种赋税都应当按纳税者最便于缴纳的时间、方式去课征。(4)最少征税费用原则:所有租税都应以最少的征税费用来征收。

自从亚当·斯密理论出现以后,以"廉价政府"为目标的"夜警国家"(night-watchman state)观和以租税利益说为基础的自由主义租税原则,就显得不那么协调了。因此,必须确立新的国家观,以符合垄断资本主义社会各种要求的租税原则。及时响应这种要求的是德国的瓦格纳(Adolph Wagner)租税原则。瓦格纳主张国家的任务不仅是维持国内的法律秩序和防御外来攻击,并且要加上文

---

① 参见〔英〕亚当·斯密:《国富论》(下),杨敬年译,陕西人民出版社 2001 年版,第 894—895 页。

化、福祉等目的。他强调这些国家目的位于私有经济目的之上,必须限制私有经济的利己活动而致力于国家目的的完成。① 在这种新国家观下,他提倡社会租税政策。他的社会租税政策,不但充分考虑了资本利益,同时也谋求资本利益与社会问题之间的调整。瓦格纳所提倡的九大租税原则为:(1)充分原则:租税必须是能够提高收入并足够支付国家经费开支;(2)弹性原则:税制中必须具有"当国家因经费增加或租税以外收入减少而产生国家收入不足时,能够容易利用增税或自然增收来弥补"的弹性;(3)税源选择原则:原则上税源是来自人民所得,但必须以不破坏人民财产或人民资本为原则;(4)税种选择原则:为使租税负担归属于应该负担租税者,在考虑租税转嫁问题时必须慎选租税的种类;(5)普遍原则:租税负担必须广泛分配到一般人民,但对低收入者应予以免税或减税;(6)公平原则:应依个人支付能力按比例课税,采取累进税率课税;(7)明确原则:租税缴纳的时期、方法、金额等必须明确;(8)便利原则:纳税手续必须便利;(9)最少征税费用原则:征税费用必须是最少的。

而著名经济学家斯蒂格利茨(Joseph Stiglitz)在1988年提出优良税制。在他看来,优良的税收征收制度应符合以下原则:(1)租税中立性:不干扰资源配置的效率,包括商品间、劳动与休闲、储蓄与投资间的选择;(2)税负公平性:同等地位负担相同的租税(横向公平),不同地位负担不同的租税(纵向公平);(3)税务行政简化:使得纳税者的容忍成本(Compliance Cost)及税务稽征的行政成本为最小;(4)税收成长性与充分性;(5)税收应具弹性:税制随经

---

① 瓦格纳倡导国家社会主义,也承认私有财产制度与私有财产经济组织。

济环境的改变而能弹性调整;(6)政治责任性:在政治上能为人民接受。①

归纳众多学者的观点,理想税制的建立应具备下列几项租税原则,而税法的制定、修改和解释也都应该符合这些原则:

1. 必要及法定原则。税收数额应以政务所需为限,政府征收租税,必须依据由人民直接或间接制定的法律。而在制定征税法律时,首先必须考虑其对财政收入的影响,所以应该选择税基广、税收弹性大的税目。同时还要考虑人民负担的公平、合理和普遍。因为只有公平、合理而普遍分配的税负,感受到的经济牺牲才是最小的。同时,政府依法征税是尊重民意、贯彻法治的进步表现。

现代国家的财政收入,都是以租税收入为主干。政府租税以外的财政收入主要有:垄断和专卖收入、罚没收入、规费收入、信托管理收入、财产收入、营业盈利和事业收入、捐献、赠与收入等。垄断和专卖、公营事业多少具有独占性质,会妨碍私人企业发展,而且缺乏效率,所以不宜由全体人民负担;公共财产收入不能为应付施政需要而无限供应;至于规费和罚款等行政收入数额极少,对财政裨益甚小,更不能普遍负担。所以,以上各种财政收入,不具备租税的优良性,都不能取代租税收入。

2. 经济发展原则。租税制度的设计,特别着重税源的培养和税基的稳固。租税课征必须考虑不因税收而影响经济发展。税法在制定时,除了要考虑人民负担的公平、合理与普遍外,更要考虑税收的充分、可得等条件,只有这样租税收入才能源源不绝。

---

① 参见李昭华:《论构建适合我国国情的财政转移支付制度》,载《福建论坛(经济社会版)》1994年第Z1期。

3. 税负公平原则。租税课征的普遍性和公平性是征税的基本要件。因此,为了实现租税公平原则,租税的课征应注意普遍性,而不应因地域或身份的不同而有所差异。但绝对的一视同仁反而不能实现真正公平,应允许少数例外。在征税上,一般以免税条款来体现这种例外,但是此类免税条款应力求合理,没有充分的理由不得增加免税规定,否则例外增多就会导致公平原则难以实现。

针对纳税义务人负担租税的能力而言究竟什么才是公平,一般有两种看法,即"纵向平等"(Vertical Equity)和"横向平等"(Horizontal Equity)。前者认为租税负担能力不相同之人,必须负担不同的税额;后者则认为租税负担能力相同之人,应纳同额之税。至于纳税能力如何衡量,一般的标准是收入或财富。

(四)预算对税捐的补充与限制

依据立宪民主国家所必然实行的租税法律原则,税捐的征收必须以议会通过的法律为依据,租税课征的模式是由议会负责制定课税的法律要件——主要是指确定税目与税率后,交由行政机关执行。如果仅仅将公共预算支出视为行政机关内部事务任由行政机关自由裁量,那么就会缺乏对政府财政权力制衡的机制,这不符合权力分立原则。[①] 至于国家预算收入部分,也有必要予以严格的管制,理由是:

1. 基于宪法保障平等权、财产权和租税分配正义的考虑,有必要参照财政必要的支出规模,对各种税目,特别是直接税与间接税之间的比重进行调整。[②]

[①] 参见高全国:《预算民主统制之研究——以"立法院"预算审议之界限与效力为核心》,中国台湾大学法律研究所 2002 年硕士论文,第 61 页以下。

[②] 参见葛克昌:《租税国危机及其宪法课题》,载葛克昌:《国家学与国家法》,月旦出版社股份有限公司 1996 年版,第 127 页以下。

2. 由于"强制性收入"属于无偿剥夺人民财产的侵益行为,除了要有实定法的根据外,还要再经过预算程序。

3. 关于"半强制性收入",在现实中"法律保留"原则贯彻起来有困难,所以可以把预算作为一种替代性的规范依据。

4. 由于其他"自由收入"没有法律规定可以遵循,立法机关通过的预算也可以为其提供一点儿收入正当性。

基于以上理由,我们不能以为租税收入已经有了租税法律原则,从而忽略了预算在财政收入法治上的必要性与意义。在民主国家,除公民直接投票以外,公共预算决策结果是否与人民的偏好相契合和预算审议质量具有直接的关系。在预算编制阶段,由于非民选的行政官僚对于人民公共需求的感受不那么敏锐,所以必须通过预算审议过程中议员或代表的有效督促,才能充分回应人民的需要。通过对预算的审议,可以对行政部门发挥监督的作用,一方面限制行政机关权力的扩张,另一方面避免政府支出过度膨胀而加重人民的租税负担。

二、预算外资金与制度外收入规范

除了预算内收入外,预算外收入也是相当重要的一部分国家财政收入。

(一) 租税与预算外资金的共存

一般而言,预算外收入大多来自事业性收费,也就是政府提供准公共财时通过使用者付费的方法来取得财源。但是,并非所有的准公共财都是通过市场分配提供,准公共财其实也可以由政府直接生产、分配。换句话说,政府也可能通过一般租税的方法获取经费后免费提供准公共财,我国推行的"费改税"就是这种模式,从而将大部分收支纳入正规预算管理。那么,对于准公共财提供究竟以一般租税来支持为佳,还是以使用者付费的方式为优,要视实际情况作出判断。简单地说,在五种情况下,应以一般租税来融资:

1. 当增加一个单位准公共财的短期边际成本非常低甚或为零时。① 因为边际成本很低,表示增加一个单位产品不会从其他用途挪用资源,对于资源配置不致有太大的扭曲。

2. 当准公共财的需求弹性很低时。因为需求弹性很低,所以这种财货往往是生活必需品,为了社会效果应由政府免费提供,况且在需求弹性很低的情况下,即使改变准公共财的价格也很难变动需求量,因此价格机能受到限制,以市场活动来调节资源的做法会遭受失败。

3. 准公共财有着广大的外部性。准公共财的市场定价方式往往引起该准公共财的供给严重不足。由于外部经济的作用很强烈,用使用者付费的方法无异于使得到外溢效益的经济单位成为免费享用者。

4. 如果采用使用者付费的方式,其收费成本相当庞大时。假设政府对所有街道、桥梁等都收取通行费,将会引起相当大的不便,如果把这种时间、资源等所有浪费的机会成本计算在内,实在很难令人接受使用者付费的方式。

5. 对于分配公平目标,一般租税往往被视为较好的方法。

相反,采用一般租税来筹措经费也有不如使用者付费的地方,一般主张准公共财应由使用者付费方式的理由也有五点:(1) 利用

---

① 边际成本表示由于多生产一个单位产出而增加的成本。参见〔美〕保罗·萨缪尔森、威廉·诺德豪斯:《经济学》(第17版),萧琛主译,人民邮电出版社2004年版,第123页。

一般租税不具备长期投资的准则时,不如采用使用者付费方式通过价格机能,反而能调整准公共财数量的多寡;(2)通过市场活动方能完成的准公共财,采取使用者付费方式可以避免短期资源的滥用;(3)在需求富有弹性的情况下,如果利用一般租税的方式来获取财源往往会使得免费提供的准公共财供给过多,浪费资源;(4)使用者付费的收费成本较低;(5)如果政策目标由使用者付费方式可以顺利实现时,以使用者付费为优。

总之,对于以一般租税方式或使用者付费方式来筹措准公共财财源时,应有所选择。选择的依据应基于客观情况和主观政策目标而定。简单地说,计算两种方式的社会利益与社会成本后,才能决定哪种方式更好。

(二) 预算外收入的性质

在我国,在预算内资金之外,存在大量的预算外收入。新中国成立不久,预算外资金便成为我国政府收入体系的一个组成部分。随着经济体制的变化,人们对预算外资金性质的认识不断深化,政府对预算外资金的统计口径也相应作了调整。改革开放以前,我国的预算外资金规模比较小,当时预算外资金被界定为由政府机构和国营企业自收自支、不纳入财政预算管理的财政性资金,主要包括工商税收附加、养路费、养河费、育林留成收入、中小学杂费、企业留利等。虽然在个别地区有些政府部门也曾出现类似"乱收费、乱摊派"的行为,意在扩大预算外收入,但这种情形相当罕见。

改革开放初始,预算外资金膨胀速度就超出预料,管理几近失控。为此,财政部1983年颁布了改革开放后的第一个全国性预算外资金管理办法。1986年,国务院又发布了《关于加强预算外资金管理的通知》,对预算外资金的定义和统计口径作出了明确规定,指出:预算外资金是由各地区、各部门、各单位根据国家有关规定,自行提取、自行使用的,不纳入国家预算的资金,包括行政事业性收费、各项附加、国营企业及其主管部门掌管的专项资金、预算外国营企业收入等。1993 年,我国重新界定预算外资金,财政部制定的《企业财务通则》和《企业会计准则》明确规定,国有企业留利和专项基金不再作为预算外资金。同时,中共中央、国务院转发财政部文件,将八十余项行政性收费项目纳入财政预算管理,有关部门随即调整了预算外资金统计口径。1996 年 7 月国务院再一次发布《国务院关于加强预算外资金管理的决定》,认定预算外资金是指国家机关、事业单位和社会团体为履行或代行政府职能,依据国家法律、法规和具有法律效力的规章而收取、提取和安排使用的未纳入国家预算管理的各种财政性资金。预算外资金包括行政事业性收费、基金和附加。从 1996 年起,养路费、电力建设基金等十三项数额较大的政府性基金(收费)被纳入预算管理。

从上述界定变更过程看,我国对预算外资金的认识经过了一个趋于规范和严格的过程。1996 年国务院关于预算外资金的再定义实际上包含了两个突破:一是进一步明确了预算外资金属于财政性资金,该项资金所有权应属于政府而不是部门和机构;二是企业与带有经营性质的事业单位和社会团体所取得的经营收入不再计入预算外资金。这实际上进一步划清了政府与市场的关系,以及政府系统内资金所有权与使用权的关系,把预算外资金框定为政府为履行职能而取得的收入。

事实上,我国政府近二十年来一直是在多渠道筹措收入。预算外资金比预算内资金具有明显的分散性,实质上成为政府履行职能时的财力补充,预算外资金也成为各类政府机构自谋发展之

路的物质基础。从总体上看,预算外资金有三个特征:

1. 结构复杂。我国预算外资金名目除税收附加十种左右、政府性基金几十种之外,各级政府、各个部门的收费项目超过千种,而且这些项目资金的征收权分布在众多政府部门,这更加剧了预算外资金结构的复杂性,使人感到政府聚财政出多门,漫无边际。

2. 收入不稳定。我国预算外资金大部分项目实际上带有行为税特征和流转税特征。其征收虽同样具有强制性,但规范性和法理依据弱。因此,预算外资金的收入可能性边界比较大,收入额大小同征收主体的努力关联度极大,往往没有十分确切的制度约束。

3. 使用带有专项性,但专项的规定又极易被打破。预算外资金名义上大都是因事立项,属专用资金,但在实际运用时,外部监督约束和内部自我约束都不强,关于专款专用的规定往往流于形式,极易在各个环节上被打破。①

所谓制度外收入,是指那些连预算外资金的名目都不具备,而由政府机构征集的资金,基本上具有不合法的性质。如地方政府对地方国企采用"先予后取"策略,即首先减免企业税收,以缩小与中央共享的收入额,然后再从企业集资摊派或命令企业执行地方政府的某些公共支出职能。这些集资、摊派,甚至将政府机构的支出费用拿到企业报销的做法,也逐渐从国有企业蔓延到乡镇企业。地方政府的制度外收入行为,也以收费等方式推行到所有的企业和农户身上。② 而乡镇政府对农户收费更是无奇不有,如有的按农

---

① 参见贾康、白景明:《中国政府收入来源及完善对策研究》,载《经济研究》1998年第6期。

② 根据国家计委、经贸委和统计局1996年上半年对全国500万元以上的建设项目进行的调查,各种收费达百种以上,其中有支持教育费、用水押金、占道费、档案保证金、过路过桥费、地名标志费、交警配合费、精神文明费以及体育彩票、运动会捐款等各种赞助费。

民家庭人口征生猪税,有的趁年轻人领结婚证书的机会筹款等。在实行分税制的过程中,某些地方政府甚至出现借机滥用财权造成社会不安。① 这些筹款举动不但属于地方政府未经中央同意的制度外收入行为,且严重影响地方治安,形成很大的社会问题。

制度外收入行为更是造成我国公务人员腐败的制度性温床。既然这类政府行为不受正规财政体制的管理、监督,或受极少的约束,若再与少数政府官员的强大私人利益相结合,便有严重忽视社会公众利益的冲动。这些行为引起的弊病早已超出财政范围,演变出对经济更具腐蚀性的政企不分格局,扭曲了政府职能,为公务员创造了寻租的机会,扰乱了市场经济秩序。另外,非正式财政收入行为造成的苛捐杂税将限制企业投资意愿,进而降低企业和个人的纳税能力;或变相鼓励逃漏税,破坏国家正常税制系统,阻碍经济发展。

政府机构运用正式或非正式财政收入行为、投资竞争性营利事业的现象较多。如经营旅社、餐厅,甚至是航空公司、开发公司、建设公司等。这类企业与传统国有企业的显著区别在于它起源于个别政府机构权力的滥用,投资用的是公共资源,盈利的大部分留作小团体的福利(小金库),亏损则由政府财政负担,还能享受税费上的优惠。也就是说,地方政府通过预算资金管理的漏洞,以非正式政府支出牟取更多的非正式政府收入。缺乏对政府非正式财政行为的有效监督,即使某些官员有违法行为,也很难察觉而施以惩罚。因此,政府机构尤其是地方政府,在财政运作上的既得利益通

---

① 例如,1995年江西省政府在未经中央同意下,突然决定将原来每头生猪约十五元人民币的屠宰税,大幅提升到每头三十元,导致江西省临川地区的农户强烈不满,最高时有四县十乡约十万农民被卷入。

常难免与某些官员的私人利益结为一体。

(三) 非预算收入的形式

在经济高速增长阶段,我国政府非预算收入同样发生了较大规模的扩张。大致看来,我国政府非预算收入主要包括五大部分:

1. 土地出让金。2005 年我国土地出让金收入为 5505 亿元,2006—2008 年分别达到 7676.9 亿元、12763.5 亿元、9600 亿元,2009 年猛增至 1.59 万亿元,2010 年达到 2.9 万亿元,2011 年再攀升到 3.15 万亿元。2001—2011 年我国土地出让金收入增长了 24 倍,从局部看,很多大城市的土地出让金收入曾一度超过其税收收入,成为当地的"第一财政"。土地出让金收入的获取使地方政府摆脱一般预算收入短缺的制约。但是,土地财政的形成和繁荣也带来了一系列的经济社会问题:首先,土地财政是以失地农民的补偿和权益损失为代价。城市化过程中过分追求土地城市化、忽视人口城市化的做法,大大影响了城市化的质量和公平性,同时也导致地价推升下的高房价。其次,这种依赖土地的城市发展模式和以卖地收入作为地方债的偿债来源的情况,使得一旦土地出让金收入下降,就会影响到城市化的发展和地方政府的偿债能力,这种情况现已初见端倪。①

2. 政府集资。改革过程中,政府集资始终是一项没有明确判断标准的政府行为。许多地方政府在进行这项工作时,或是瞒天过海,或是声东击西。从总体上看,越是经济发达地区,集资收入规模越大,集资也比较容易。比如江苏、广东、浙江三个省内的市、

---

① 参见李一花:《财政分权中的中央集中度:评价、问题与改革》,载《当代财经》2013 年第 9 期。

县，很多公益事业和基础设施资金都与政府集资有直接关系。集资规模少则几十万，多则上千万乃至上亿。浙江温州地区很早就提出"人民城市人民建"的口号，该市近年来兴建的桥梁、图书馆、体育馆、道路等，很大程度来源于政府集资。江苏无锡市的某些县、乡级政府为发展区域经济，采用各种形式聚集了较大规模资金，这些资金已成为政府调控经济的重要物质基础。目前我国的政府集资并不限于经济建设领域，文化教育事业发展也在一定程度上依赖政府集资或政府促成的集资，"希望工程"名为民间集资捐助，实际也摆脱不开政府背景。据《中国统计年鉴（2005）》提供的数据，2004年全国各类学校的教育经费总计7242.60亿元中，预算内拨付的为4027.82亿元，另有虽不出自预算但属"国家财政性教育经费"的资金4465.86亿元和社会捐资、集资93.42亿元。

3. 私自转换制度内资金。我国政府的一些制度内收入被转换到制度外，这是政府非预算收入的重要组成部分。这笔资金也包括应该纳入预算外而未纳入预算外的收费收入等。据初步估计，目前我国尚有不少预算外资金未进专户，比率约占全部预算外资金的30%。另外，本应纳入财政预算或预算外收入的国有土地收益（出让金与租金）、国有资产变卖收入等，往往也被转移到制度外。

4. 通过"创收"等形成的"小金库"资金。包括政府机构办实业所收取的"管理费"等形成的小金库收入，也包括私立收费项目获取的收入、私自罚款形成的收入等。我国很多政府机构设立了存量不同的小金库。自1985年建立税收财务大检查制度以来，每年查收的小金库资金都不少于几十亿元。

5. 乡镇政府自筹资金。在乡镇资金体系中,管理最混乱的是自筹资金,该项资金全国1996—2005年增长近十倍。从东部、中部一些地区的抽样调查看,有不少乡镇自筹资金相当于预算内资金的比例可以高达100%—200%;一些省份统计的乡镇自筹资金规模与乡镇预算内资金规模相比已在50%左右。在我国的政府收入体系中,从表面上看,预算内资金始终占据主要地位,但实际上,预算外资金拥有更强的增长潜力。如果把未入统计的预算外资金考虑进去,预算外资金规模增长幅度更大。1993年调整统计口径之后,预算外资金占预算内资金的比重已从30%升至50%之多。我国的行政事业性收费增长率也大大超过税收增长率。比如1996年,税收增长率是14.2%,而行政事业性收费为主的行政事业预算外资金总额增长率是52.1%。目前在我国的很多市、县已经形成了所谓"预算内资金吃饭,预算外资金搞建设"的格局,特别是在经济发达的市县,每年用于建设的预算外资金规模甚至已接近预算内资金规模。[①] 有些市、县建立了综合财政预算,明确把两类资金统一调度使用。实际上是利用比较规范的综合资金计划形式运用预算外资金,既弥补预算内经常性收入的不足,又支持地区性建设项目。这种做法的价值,在于使大部分政府收入都摆在明处,并为政府核算收入增长、规划中长期发展创造了条件。

在我国的基层政府中,除税收具有相对明确的归属方向外,其他政府收入一般没有得到完整管理,很多资金应该算到预算外,但

[①] 如浙江省萧山市的基本情况是第一块财力(预算内)约相当于GDP的10%强,第二块财力(预算外)约相当于预算内的一半,第三块财力(制度外收入)又约相当于预算内的一半,故三块财力总计肯定要高于GDP的20%。同时,第二、第三块财力足以构成与预算内等量齐观的"第二预算"。

实际上都归入制度外收入之中。同时,由于我国很多乡镇没有建立金库,部分预算内资金也流失到非预算收入之中。

6. 资产增值和资产性收入。财政税收只是政府最"看得见"的收入部分。实际上,随着中国经济这些年的高速发展,政府作为中国最大的资产所有者,其拥有的国有企业资产、公有土地以及矿产资源的增值比财政税收更大、增长速度更快。时任国资委主任李荣融在2007年8月《求是》杂志上谈到,到2006年底,全国有11.9万家国有企业,平均每家资产为2.4亿元,所有国企资产加在一起值29万亿元。到2006年,国有土地的总价值大约为50万亿元。也就是说,2006年底,国有土地加国有企业的总价值为79万亿元。2007年,中国GDP增长11.4%,假设土地和国有资产以与GDP同样的增速升值(资产升值速度一般高于GDP),则意味着国有资产增值9万亿,比财政税收的5.1万亿多80%。2007年,国有企业的总利润为1.6万亿元。因此,2007年国家资产和土地所有者的"可支配收入"共有10.6万亿元。

如果我们把社保资金和非预算资金以及地方各级政府其他各类非预算收入全部都算进去,可以说全国政府制度外资金相当于预算内资金的比重至少应该达到预算外资金的水平。因此,可以得出这样一个粗略的判断:在我国的政府收入体系中,预算内资金约占50%左右,预算外收入和制度外收入约各占25%左右。2003—2009年,我国的制度外和预算外收入占政府收入比重维持在45%—48%之间,[①]这是一个令法治难堪的数字。

---

① 参见王宏伟、李平、樊明太:《我国国民收入分配中政府收支的规模与结构》,载《西部论坛》2012年第6期。

第三节 预算支出的公共性要求

预算是一个选择过程。作为一种手段的现代公共预算编制在演化过程中出现了两个问题——对谁负责,以及为了什么目的。传统的预算功能,更多强调对预算的监督与控制。因此,为了能够确实掌握预算资金的去向,防止行政部门规避预算审查,特别强调预算应该符合完整、精确、单一等原则。但随着政府职能的扩张和日益复杂,政府部门的范围逐渐扩大,而且其与民间部门的界限也渐渐模糊,两者之间不容易明确区分。尤其是如果考虑到所谓"准财政机构"或者各种行业协会和民间部门之间的关系,已经不是传统上可以明确界定的"部分制度"(Anteilsystem),而已经演变成一种"控制制度"。① 除此之外,由于政府部门的扩大,其内部各机构之间的相互关系变得日益复杂,这更增加了了解公共预算的难度。因此,为了评估公共预算,并方便国际间的比较,界定公共预算范围是首先要做的工作。

一、政府职能的变迁要求公共预算与之相适应

哪些事情该由政府埋单?这牵涉到政府要做一个什么样的政府的问题。换句话说,首先就是政府要明确自己的职责、职能。本节尝试从国家功能的转变,探讨公共预算保障范围的宽窄变化。

从历史演变看,从"夜警国家"、自由放任的法治国家到现今强

---

① F. K. Mann, Die intermediaren Finanzgewalten und ihr Einfluss auf Deuschlands Finanzielle Belastung, in Jahrbucher fur Nationalokonomie und Statistik, Bd. 129, 1928, S. 219—237.

调的社会法治国家,要求政府的职能必须覆盖民众"从摇篮到坟墓"的全过程,政府功能也扩大到无所不包。从农业社会进入到工商业社会,人类的生活不再只是单纯的"日出而作,日落而息",随着各种工商业的发展,生活也复杂到不能脱离社会而存在,此时单凭一个人的力量是无法生存的。国家在现代社会中不再只是具有防御功能,更具有各种积极的角色——为人民创造各种福祉。在给付行政中国家任务多元化发展,传统行政机关角色已不能适应,因此发展出各种替代性的措施,如行政任务民营化、行政委托等。虽然政府将行政任务转移到民间,但国家所担负的责任依旧存在,政府只不过是采取变通的手段、方法结合民间力量来实现自己的责任罢了。

(一)从干涉行政到给付行政

1. 警察国家的兴起。普鲁士在17世纪建立起第一个警察国家,致力于将国内落伍的封建势力铲除,建立廉政而高效率的官吏和新式陆军,并且将保障人民安全、促进社会福利作为施政目标。这个时期的行政认为国家不应只谋求大众的福利,同时也需照顾每一个人的幸福,所以在"国家目的在于为人民谋福利"的理由下,所有的行政都可以由行政机关恣意为之。[①] 这个时期行政与司法是不分的,地方行政长官由国王指派,同时兼任地方法院的主席,而地方行政长官处理事情的依据是:一是自己的观点或判断;二是国王以各种令状发布的命令或禁止规定。

---

① 当时并没有代表民意的议会,也没有权力分立制度,行政权主宰一切,所以高级文官制定政策,而警察成为执行政策者。警察国家通过"警察"的观念,将谋求人民福利、社会进步的重责,置于代表执行国家权力的警察之上。警察所执行的任务主要在排除社会危害行为和增进公共利益这两大项之内。

这个时期开始建立只效忠君主个人的行政官吏与军队,其行政活动无所不包,凡经济、社会生活都处于君主规制之下。除了公共生活之外,行政活动也触及私人事务。这种广泛行政活动的原因是政府希望通过促进商业与经济发展来获得军队事务所需要的财力。受父权思想体系影响,君主认为自己的任务不只是要促进公众的福利,同时也需要照顾个别人的幸福,这种观念下所形成的行政活动范围极其广泛,并且不受法律拘束。所有的社会秩序、目的和社会目标的形成都受到国家权力的干涉与支配,人民自主空间极为有限,有学者称这种专制国家为"警察国家"。[①]

与现在意义不同的是,那个时期福利国家被称为古典福利国家,实质上是牧民政治;而20世纪的国家为人民创造众多福利是一种义务。基于国家的警察权,国家可以进行必要的规制,包括土地开发、矿石开采、营业与手工艺业的规制、征税、强制工作、规制教育文化事业、人口政策、救助贫苦等,规制的目的在于维持公共秩序。[②] 这一时期的多数重大营业项目由国家来经营,民间经营很难立足。

2. 市民法治国。法国大革命和美国独立革命后,个人主义与自由主义思想兴起,主张人生而自由平等,人类之所以组织国家的原因就在于要保障与生俱来的自由。市民国家应尽量减少其活动范围,国家管得越少越好,国家活动应仅限于保护公共安全和维持秩序。至于私人、社会和经济领域,市民深信在自由竞争原则下可

---

① 参见李建良:《环境议题的形成与国家任务的变迁——"环境国家"理念的初步研究》,载《宪法体制与法治行政——城仲模教授六秩华诞祝寿论文集(一)宪法篇》,三民书局1998年版,第288页。

② 参见黄锦堂:《行政法的概念、性质、起源与发展》,载翁岳生主编:《行政法》,翰芦图书出版有限公司1998年版,第13页。

以自我追求自己的福利,国家不得加以干涉。① 国家向市民社会的介入原则上是被排除的,国家只限于公共安全的确保。即主张"最好的政府是管理最少的政府",对私人经济与社会领域,国家应任由自由竞争机制运作。

19世纪是欧洲各国工商业蓬勃发展时期,工商业给国家带来了丰厚税收,而工商业振兴又需要民间资金的投入,因此社会财富汇集于民间,国力藏于民,国家在经济上实行"放任主义",国家的主要政策是求富,国家除了征税和维持治安外,不再有其他任务,国家的任务只有如夜警般维持治安。人民获得最大幅度的自由,可自由行使其财产权利和人权来积累财富。所以,这个时期的政府并不与民争利,也并不积极地为人民谋福利,国家的任务只需外在地保障市民社会的自律运行。国家是"必要的恶"和"最好政府,最少统治"的想法深植人心。

这个时期产生了干预行政法律保留理论,强调"无法律,无行政",这个时期是古典的法治国,或称自由的法治国。否定警察权在法制上的无羁束性,限定国家向市民社会无限制的介入,且须接受由代表市民利益的议会所制定的法律规制。

(二)现代型给付行政

1. 给付国家(行政)。19世纪末20世纪初,自由主义法治国的放任政策导致工业发展迅速,社会阶级严重对立,富者越富,贫者更贫,这些问题必须依靠国家才能解决。为了照顾人民生活,同时维持社会安全,国家不仅必须在经济、社会与文化领域设置不同性质的给付设施以关照人民,还必须通过各种社会制度来减少贫

---

① 这里以国家和市民社会二元论为前提。

富差距。也就是说,为了解决资本主义的重重矛盾,国家仅具有治安维持机能是不够的,还必须在人民经济生活中以非权力的手段采取授益措施。

当然,19世纪的国家并非对文化、社会和经济领域不闻不问。一方面,由于工业化水平提高,出现城市化、战后贫穷问题,以及家庭解体和邻人关系的消失;另一方面,个人在工业社会的需求提升,所有这些社会问题都使得国家必须采取社会性的行为。国家必须提供给付,同时设立机构来照顾人民在经济、文化、社会等方面的生活,如提供水电、交通、医疗设施以及建立教育机构等。国家不但要在社会和经济领域创造出社会均衡,同时也必须维持经济的稳定发展,这些国家任务往往成为宪法上社会国(民生国)的规定。以往防止危险的消极行政任务并不能减少,社会国的任务又使得国家行政范围扩张。为了处理市民社会体制的矛盾,国家应积极地介入经济、社会秩序,国家必须以公平、均富、和谐等为新的行政理念,积极提供各阶层人民生活工作上的照顾,国家成为给付主体。[①] 也就是说,这个时期所强调的是人民对国家有给付请求的权利,而不是单纯的不受干涉。

福利国家是由人民的需要和追求社会正义而产生的。以促进社会正义为出发点,国家应大力振兴经济,增加工作机会,国家任务扩张到帮助占社会大多数的中下层人民,国家权力对于私人不当的经济行为应予以干涉,国家行政以造福人民为主要目的,使得国家任务变为处处积极作为,成为对人民"出摇篮照顾到坟墓"的

[①] 参见陈英钤:《"自由法治国"与"社会法治国"的制度选择——评释字四七二与四七三号大法官会议解释》,载《台湾本土法学杂志》1999年第4期。

大有为政府。福祉问题并非只限于社会保障,环境问题、教育问题、城市化问题等也都变得很重要,这些问题与人口、资源、财政等问题密切相关,所以这个时期政府不仅需要消极维持治安,更要积极地为人民谋福利。社会服务和福祉的目的一般很容易让人接受,但其涉及的范围广,自由与管制间如何寻找一个合理的平衡点是个重要问题,高福利和伴随而来的高义务成为让现代国家避不开的头疼问题。

2. 给付行政和干涉行政的联系。就维持公共秩序、增加公共利益来说,行政行为可以分为规制人民自由、财产秩序的干涉行政和着眼于人民生存而进行公共财货提供的给付行政。干涉行政是行政机关为禁止或确认某种效果而采取的抽象或具体措施,以及必要时所使用的强制手段。传统行政的本质,是以维持社会公共安全秩序为目的的行政,即秩序维持行政,因此行政手段是多样化的。如果承认干涉行政,那么行政法体系是以干涉行政为中心构筑的。而给付行政采取社会保险、行政救助、生活必需品的供给、给予经济补助和提供文化服务等措施,这是基于确认国家负有生存照顾义务,进而主张国家应采取行政措施来改善社会成员的生存环境和生活条件。

给付行政和干涉行政的区别在于行政作用对于人民所产生的效果不同。干涉行政因为是直接干涉人民的权利,所以要受到法律严格的拘束,除了不能与法律相抵触外,还需要有明确的法律授权依据,其活动空间受到很多限制。而给付行政因给予人民一定利益,所以受法律保留原则拘束的程度较为宽松,只要在行政组织法规定的权限范围内,且有议会通过的预算为依据,即使缺乏行为法上的依据,仍可以实施给付性行为。① 具体而言,给付行政如果不损及第三人,不需要有形式意义上的法律保留,而是只要在公共预算中有依据就可以了。在福利国家观念下,尽管强调给付行政的重要性,但干涉行政的地位并没有因此而降低,两者对于完成行政任务具有相辅相成的功能。

3. 国家角色的转变。国家和公共团体所负担的公行政,随着时代和各个国家宪法内容的变化而改变。一战后资本主义所造成的经济矛盾、城市化现象并不是个人所能解决的,也出现了个人并不能依靠自己维持自己生存的现象,因此个人生存严重依赖于作为公行政的国家和公共团体所采取的生存照顾(生存照料)行政。以给付行政作为行政目的的生存照顾行政首先在1938年被提起,给付行政的"生活关照"表现为:②第一,工资与价格适当关系的保障;第二,需要、生产和交易的规制;第三,给付提供了生活所必要的现代化生活形式。给付行政即为了人民生活的必要和改善所进行的利益追求,而直接促进供给的行政,具体而言,它包含了水、电、煤气的供给,交通、邮政、通讯的供给,也包括卫生、老人、伤残、疾病、失业等保障。

二战后,国家职能有了重大转变,积极主动地为人民提供最大的服务和照顾来满足人民各项生活所需,成为国家责无旁贷的任务。在现代法治国家中,给付行政的地位逐渐提升并成为国家的重要任务之一。给付行政的种类很多,诸如实施各种社会保险、提

---

① 参见吴庚:《行政法之理论与实用》,中国人民大学出版社2005年版,第85页。
② 参见李建良:《环境议题的形成与国家任务的变迁——"环境国家"理念的初步研究》,载《宪法体制与法治行政——城仲模教授六秩华诞祝寿论文集(一)宪法篇》,三民书局1998年版,第289页。

供行政救助、兴办公共事业（如水、电、交通事业等）、兴办公共设施（如道路、桥梁、公园等）、普及文化建设（如图书馆、美术馆、文化艺术中心等）、提供职业训练、环境的维护（如道路清理、垃圾清运等）、提供经济辅助（如中小企业的贷款等）、实施行政指导（如进出口指导、投资引导等）。①

二、公共预算支出的范围

关于公共预算支出范围的界定，往往因为目的不同而有不同的标准。第一，从公共预算的形式、法律或立法目的考虑，公共预算的范围应该仅限于"法律实体"（juridical entity），而不包括地方政府或国有企业。第二，如果考虑公共预算的"政策目的"，那么公共预算所涵盖的范围应该是越广泛越好。②

根据国际货币基金组织（IMF）的定义，③所谓政府，"是指经由政治程序（political process）所建立的权力机构及其执行部门，其在一定行政辖区内享有独占的强制力，并基于经济、社会和政治等公共目的考虑，其所提供的公共劳务的性质、成本因素和财源与其他部门不同"。除此之外，政府的功能在于通过集体消费的、非市场劳务的提供和收入的转移来实现公共政策。非财源主要来自强制性收入，所提供的财货和劳务主要基于公共目的而非商业或财务目的，而且即使是具有商业或财务性质，也不是基于追求利润。依

---

① 参见翁岳生主编：《行政法》，翰芦图书出版有限公司1998年版，第25页。
② "An enlarged definition of government, seeking to reflect all the financial decision-making centers." See Premchand, Government Budgeting and Expenditure Controls: Theory and Practice, International Monetary Fund, Washington, D. C., 1983, p. 63.
③ See International Monetary Fund, A Manual on Government Finance Statistics, Washington, D. C., 1985. p. 8.

据国际货币基金组织最新政府财政统计标准,政府支出功能主要包括:(1)一般公共服务。包括行政和立法机关、金融和财政事务、对外事务,对外经济援助,一般服务,基础研究,一般公共服务"研究和发展",未另分类的一般公共服务,公共债务操作,各级政府间的一般公共服务等。(2)国防。包括军事防御、民防、对外军事援助、国防"研究和发展"、未另分类的国防等。(3)公共秩序和安全。包括警察服务、消防服务、法庭、监狱、公共秩序和安全"研究和发展"、未另分类的公共秩序和安全等。(4)经济事务。包括一般经济、商业和劳工事务,农业、林业、渔业和狩猎业,燃料和能源,采矿业、制造业和建筑业,运输,通讯,其他行业,经济事务"研究和发展",未另分类的经济事务等。(5)环境保护。包括废物管理、废水管理、减轻污染、保护生物多样性和自然景观、环境保护"研究和发展"、未另分类的环境保护等。(6)住房和社会福利设施。包括住房开发、社区发展、供水、街道照明、住房和社会福利设施"研究和发展"、未另分类的住房和社会福利设施等。(7)医疗保障。包括医疗产品、器械和设备,门诊服务,医院服务,公共医疗保障服务,医疗保障"研究和发展",未另分类的医疗保障等。(8)娱乐、文化和宗教。包括娱乐和体育服务,文化服务,广播和出版服务,宗教和其他社区服务,娱乐、文化和宗教"研究和发展",未另分类的娱乐、文化和宗教等。(9)教育。包括学前和初等教育、中等教育、中等教育后的非高等教育、高等教育、无法定级的教育、教育的辅助服务、教育"研究和发展"、未另分类的教育等。(10)社会保护。包括伤病和残疾、老龄、遗属、家庭和儿童、失业、住房、未另分类的社会排斥、社会保护"研究和发展"、未另分类的社会保护等。值得注意的是,国有企业和国有金融机构并不包括在内。

政府部门范围的界定,关系到公共预算的范围,也关系到政府部门与非政府部门间在公共预算上的表达方式。基本上,联合国国民经济核算体系所定义的公共部门所涵盖的范围都包括在公共预算中,即:(1) 政府劳务的生产者(producers of government services),主要是各部委和所属的各级行政机关与非营利性组织;(2) 生产和销售财货劳务给一般大众的"行政作业组织"(departmental enterprises);(3) 非金融性的国有企业(nonfinancial public enterprises);(4) 国有金融机构(public financial institution),主要是中央银行、商业银行和保险机构。由于各国政府组织预算制度不同,各国在预算的处理方面也有很大差异。基本上,政府部门构成公共预算的主要部分,而其他如社会保障制度的处理,各国的情况并不完全一致。但是,政府部门中的非营利性组织则不包括在内,只就政府的支付部分出现在公共预算内。此外,国有企业仅以其净利润(上缴红利)部分出现在公共预算中。

在我国的公共预算中,经常会出现一些"低级"错误,如对国有企业的直接财政补贴。财政部 2005 年年底一次性补贴中石化 100 亿元,2006 年年底又补贴了 50 亿元。理由是由于国内成品油价格始终大幅低于国际价格,炼油企业严重亏损。这里存在两个问题:第一,这笔补贴是否经过了预算程序;第二,即使经过了预算程序,这种性质的补贴是否属于公共预算的支出范围。针对第一个问题,审计署已经给出了答案。2006 年 9 月审计署发布的审计公告就指出,2005 年财政部从中石油上缴的所得税中退库 100 亿元,弥补中石化炼油项目亏损,这种暗抵收入的做法违反了"收支两条线"原则。更重要的是,像几十亿、上百亿元这样大笔财政资金的使用,政府部门根本无权自作主张。财税收入的使用应该进入财政预算,经由人大审议、批准,否则即违反有关法律规定。所以,对中石化进行巨资补贴,必须经过由最高权力机关审批这样的必要程序,由最高权力机关最终作出是否补贴的决定。也就是说,这笔钱没有经过预算。假如财政部一开始就把这笔钱编进了预算,那么这类支出是否符合预算的支出范围呢?中石化获得的巨额补贴属于财政资金,而财政资金应该主要用于公共事务,而非像这样用于补贴垄断企业。从最简单的法理上讲,中石化获得巨额财政补贴毫无基础。中石化作为一个企业,具有独立法人地位,这种地位是以它的自负盈亏为必要核算前提的;中石化是境外上市企业,中央财政对其进行转移支付,这实际上是国家给中石化系的企业送利润、给中石化海内外的股东利益集团输送利益;作为垄断性质的国企,在获得垄断利益的同时,也应该承担垄断责任,中石化就应该兼顾这种利益与责任。因此,联合国国民经济核算体系不把国有企业纳入公共预算范围是正确的。

三、公共预算支出的任务

既然政府的职能、公共预算的支出范围搞清了,我们也就可以决定政府应该为哪些事情买单。本书认为保障公共部门或实现公共利益,是公共预算支出的任务。

(一)保障供给行政

供给行政是指在工业化、城市化的社会中,国家或地方政府必须提供人民生活不可或缺的供给,如水电、交通通讯、文化设施等。同时在现代生活条件下,政府所提供的给付活动要有日常生活所必要的财货、服务供给。供给行政包括公共设施提供和国有企业(公企业)服务。

1. 公共设施提供。公共设施,顾名思义是由政府或其他社会组织提供的、属于社会公众使用或享用的公共建筑或设备。公共设施与人们的生活关系十分密切,我们不能缺少城乡道路,不能没有通讯,不能缺少公共照明,不能没有各种文化设施。这些公共设施功能各异,形态多样,属于不同的管理部门,但它们都是城市公共生活不可缺少的条件。尤其是交通、通讯、供电、供水、供气等"城市生命线系统",是保证日常生活正常运转最重要的基础设施,任何环节的失灵和滞后都可能导致整个生活的紊乱和瘫痪。

公共设施的最重要利用形态是一般使用。所谓一般使用,如在道路、河流、公园的利用上,公众在不妨碍他人共同利用的前提下可以自由使用的状态。在一般使用上是否具有权利性质是最重要的问题,在自由使用形态下利用者的法律地位具有权利性,有值得保护的法律利益。① 如此一来,对于一般使用也认可其具有一定的权利,如关于道路的废止处分导致自己居家唯一出路的阻塞,有直接利害关系者可以请求确认对于废止道路的处分无效。

2. 公(用)企业服务。关于公(用)企业的概念众说纷纭,大致而言,公(用)企业是从事提供服务和财货为内容的企业,其目的是实现公共利益,即国家、地方公共团体或其他准行政主体为了维持、增加社会公共福利,直接经营的非权力性企业。它的根本任务是以非权力性的企业经营、资金的交付、其他各种服务的提供及谋求增进社会福祉。它提供的服务内容有电、水、运输交通、邮局和

---

① 对此,学说上有四种理论,即平等权构成论、自由权构成论、诉讼利益扩大论和信托理论,不再认为利用者只是行政的客体,而将利用者"行政主体化",以利其救济。参见蔡茂寅:《公营造物法·公企业法》,载翁岳生主编:《行政法》,翰芦图书出版有限公司1998年版,第410页。

广播等,这些都是现代生活所不可或缺的服务。人民生活依靠公(用)企业的给付,而公(用)企业可以独占经营。公(用)企业的经营者对于人民单方面地申请缔结利用合同,没有正当理由不得拒绝,这是法律上的义务,而且这种利用是禁止差别待遇的,如电信事业应向每一个客户提供公平、平等的通讯服务。

3. 指望资本来履行社会公共职能是靠不住的。公共设施和公共服务的特性在于公共产品性、居民的必需性,它们是依靠一家一户和一个团体不能自行解决的事情,一定程度上还具有垄断性。一般来说,市场化更加有利于富人而不利于穷人,而公共设施和产品主要是服务和照顾穷人的,如果采取过分市场化改革,受危害最大的是弱势群体。比如,如果资本参与到公交车改革中,由于资本的属性是追逐高额利润,公交车的公共服务性就将被大为削弱甚至失去,公交车的价格必然大幅提高,从而直接增加乘公交车的人们的负担,而这些人大部分是低收入阶层或者工薪阶层。供电、供水、供气、供暖同样如此。著名经济学家萨缪尔森就曾经指出,政府依靠资本家来发展公共设施,那是抱薪救火。况且,公共设施具有垄断性的一面,各国实践已经证明这种垄断很不容易打破。资本进入公共垄断行业,为其攫取超额利润提供了最为有利的条件,而这种超额利润大多是来自普通百姓。

我们在这方面有深刻的教训。教育过分市场化和产业化,造成了百姓上学难、上学贵;医疗卫生市场化,使百姓看病难、看病贵;住房过分市场化改革,使低收入阶层买不起房、住不起房。公共设施主要是为老百姓特别是低收入者服务的,发展公共设施是政府的责任,这没有任何理由可以推卸。经济学之父亚当·斯密崇尚自由市场经济,竭力提倡政府管的事越少越好,但是,却把公共设施建设和公共产品的提供作为政府义不容辞的三大职能之一。公共设施建设必须以国家投入为主,国家必须彻底掌握和控制,切不可把其作为一个巨大的市场来对待和看待,让国内外资本进入,实行彻底市场化改革,那样将会给人民特别是弱势群体的生活增加本不该有的困难。

(二) 实现社会保障

为了使人民能过上最低度的合乎人性尊严的生活,政府应为公民提供最低生活保障、行政救助等给付,即对于生活穷困者给予必要的救济、帮助,以保障"人应有的生活"。对由于身体原因或失业等社会原因丧失劳动能力、劳动机会,从而丧失收入,同时生活陷于穷困者,必须依赖政府采取保障措施。正如弗利德曼所指出的那样:"生活最低标准和通常的社会保险不是施舍;它是人们固有的权利,因为食物、住所和健康是行使自由的必要条件。自由本身意味着拥有多种选择。当然,饥饿、寒冷、疾病和贫穷本身是不幸的。除此之外,它们还是自由的敌人。"[1]它意味着,国家为保障人的尊严,有义务为那些处于贫困线以下的人们提供救助。毕竟,在某种程度上说,"尊严"意味着体面的生存,当人们竭其所能仍然不能获得其生活所需时,国家就无法推卸自己的责任。

社会保障行政的内容很多,包括最低生活保障、行政救助和社会福利等。社会保障行政的目的是保障生存权和实现人之尊严,在社会保障行政领域中保障人民受给付的权利。

1. 最低生活保障。最低生活保障制度是现代国家中得到立法

---

[1] 〔美〕弗里德曼:《选择的共和国——法律、权威与文化》,高鸿钧等译,清华大学出版社 2005 年版,第 77 页。

保障的、以保障全体公民基本生存权利为目标的社会制度,是当公民难以维持最低生活水平时,由国家和社会按照法定的程序和标准向其提供保证其最低生活需求的物质援助的社会保障制度。最低生活保障制度是社会保障体系的最后一道安全网,其目的是保障社会成员的最低生活需求,使每个公民生活困难时不至于陷入无助的境地。其本质是政府对其人民最基本的责任和承诺。我国《宪法》第45条明确规定:"中华人民共和国公民在年老、疾病或者丧失劳动能力的情况下,有从国家和社会获得物质帮助的权利。"

当下我国救助标准普遍偏低,未能有效地保障贫困者的基本生活。最低生活保障制度的保障标准是城市居民的最低生活水平,依据国际通行的说法,这一标准应该是最低限度的不失尊严的生活,而不应仅仅是延续生命的最低需求。最低生活保障线的确定,是最低生活保障制度的基础和关键。保障线过低,无法保障贫困者的基本生活,削弱了其应有的保障功能。

目前,最低生活保障资金的筹集,基本上是中央出一半,地方出一半。由于各地区经济发展的不平衡,在一些经济落后、财政困难的贫困地区,本来市、县两级财政就吃紧,甚至吃的就是转移支付的财政补助款,要其再挤出钱来"配套"低保资金,实在是勉为其难。① 就全国而言,经济上较为丰裕的市、县财政拿不出钱来,实际上就限制了低保制度正常发挥作用。同时,越是经济不景气的地方,贫困人口越多,市、县财政越是困难,低保制度的实施常处于两难境地。所以,往往是"预算归预算,上级拨款到,地方不兑现"。

---

① 参见"十五"第六期县干班课题组:《城市居民最低生活保障问题研究》,载《中共合肥市委党校学报》2004年第4期。

最终只能是保障对象吃了亏——保障标准低或难以进入保障网。这就从根本上影响了保障效果,削弱了保障功能。

2. 行政救助。行政救助是指行政机关基于法定的职权和职责对特定对象在特定的情况下所实施的救援和帮助。由于行政救助属于一种职责性的具体行政行为,因此它在行为方式上的特点是必须作为。① 即受益者并没有支出负担,而对于满足法定要件下所为的给付,如危机救助、紧急救助、收容救助、弱势群体问题、农民工问题等,还泛指没有特定对象的援助行为,如政府对农村在税利政策上的优惠、政府对少数民族的倾斜政策、政府对西部开发的优惠政策等。②

3. 社会福利。"福利"是一个笼统的字眼,它的内涵和外延至今不甚确定。第二次世界大战以后,英国建立了"从摇篮到坟墓"的庞大的社会福利体系,美国建立了"社会安全制度",于是宣称自己是"福利国家"。在这些国家,福利包括全部公共性的文化、教育、卫生设施和社会救济及社会保险,范围较之社会保障更广。在我国,社会福利是指国家和社会为孤、老、残、幼以及社区广大居民实行生活服务和基本生活保障的一种制度,是我国社会保障制度的一个组成部分。

然而,由于社会福利制度在我国还只是刚刚起步,从现有的实践情形来说,我国的社会福利还存在以下问题:

(1) 资金短缺,发展缓慢。社会福利属于长期投资供给项目,它的投资主体是国家。我国中央和地方财政每年用于这方面的支

---

① 参见王连昌主编:《行政法学》,中国政法大学出版社1999年版,第166页。
② 参见温泽彬:《行政救助的几个基本问题——一种弱势群体权利保障机制的检讨与反思》,载《宁夏大学学报(人文社会科学版)》2006年第6期。

出较少,每年用于城市社会福利方面的投入仅占国民生产总值的1.1%,不仅低于发达国家的水平,而且低于许多发展中国家。在农村,社会福利方面的投入主要靠统筹和集体投入来解决,国家基本不投入。

(2) 覆盖面小,供需矛盾突出。我国在21世纪初有各类残疾人约5164万人,其中有劳动能力的有2000多万人,精神病人约200万人,残疾儿童约816万人。到2005年底,全国通过各种形式就业的残疾人仅280万人,民政部门兴办的精神病福利院128所,床位2.7万张,儿童福利院才67所,床位8645张,孤儿学校25所。此外,我国拥有世界上最庞大的老年人口,目前60岁以上的老龄人口已有1.94亿之多,慢性病患病老年人口0.97亿人。[①] 近年来,中国养老机构数量不断增加,服务规模不断扩大。截至目前,城乡养老机构已发展到4.18万个,养老床位365万张,每千名老年人拥有养老床位达到19.7张。但这一比例不仅低于发达国家50‰至70‰的平均水平,也低于发展中国家20‰至30‰的水平。同时,服务项目偏少,养老服务设施功能不完善、利用率不高,与百姓需求相比还有很大差距。[②] 全国1/3以上的县市没有社会福利事业单位,社区服务的覆盖率才30%。

(3) 设施差。就整体水平而言,相当一部分福利事业单位规模较小,设备简陋,医疗器械不足,专业人才和医护人员短缺,整体水平低,造成自我发展和对外开放能力弱。

在西方,社会保障是财政最大的支出。美国社会保障、公民保

[①] 参见《中国老龄事业发展报告(2013)》,中国社会科学院2013年2月27日发布。
[②] 参见《中国力争每千名老年人拥有养老床位数达到30张》,http://business.sohu.com/20120930/n354232105.shtml,2014年3月20日访问。

健、医疗照顾、收入保障支出在联邦政府支出中一般占60%左右,此外才是国防、外交等其他支出。美国的州政府和地方政府的各项财政支出中,最大的开支也是社会保障支出,其次是教育支出,第三是利息支出,第四是公共福利支出。在北欧的一些国家,因为社会保障制度完善,宪法甚至规定子女没有赡养老人的义务,养老责任金由社会负担。德国社会保障和福利支出2005年已达到55.49%,波兰、西班牙、加拿大等国家也都在40%以上。相比之下,我国的社会保障和福利支出明显过低,2004—2009年我国社会保障和福利支出占财政支出的比重在10%以下,①这个比例和缅甸、孟加拉国、印尼、委内瑞拉等国家和地区相当。

比较一下我们与发达国家社会保障占财政支出的不同比例,很多人感到震惊。有人总是说,我们很穷,财力有限,承担不起农民的社会保障,承担不起义务教育和公共医疗等。但是,假如我们按照美国的支出比例,将财政收入的60%用于社会保障,以3万亿元的财政收入计,那就是1.8亿,这还能说是没有钱吗?也许有人会说,我国要用于开支的项目很多,60%的财政收入用于社会保障,其他的事情怎么办?同样的问题也可以用来问美国。但美国已经这么做了,也没有"国将不国"。态度决定一切,关键是我们的预算政策有没有把社会保障摆到那么高的位置上。

尤其值得注意的是,我们的财政收入支出中,经济建设和行政事业费占了大头。其中经济建设费用更是高达万亿以上,这证明了我们的经济属于"政府主导"。但在一个完善的市场经济体系

---

① 参见郭亚帆:《我国财政支出结构的动态演化及国际比较》,载《未来与发展》2013年第10期。

下,经济建设的资金应该主要来自于民间而不是政府财政。如果我们承认政府存在的主要目的是为国民提供福利和服务,那么我们同样也要承认,政府的财政收入也主要应该运用于此,而不是搞投资建设。我国的社会保障水平之所以如此之低,覆盖面如此之小,可以说,原因不是政府没有钱,而是没有把钱花到该花的地方。因此,加大公共预算中社会福利资金比例是我们亟待解决的一个问题。

(三)公共环境保护

环境问题关系到人的生存问题,环境权是与生存权密切相关的权利,是人类生存的基本条件。随着工业化和城市的兴起,环境遭遇前所未有的破坏,环境权也成为当代新兴的社会权,环境权是免除健康、生命遭受威胁的权利,是享有良好环境的权利。在环境共有原则之下,政府需要给予人民为了生存而平等利用的机会,环境属于人民共有,环境一旦产生坏的变化,要想排除、恢复相当困难。空气污染、水污染、土壤污染和退化、食品有毒或有害物质含量的上升以及人体内污染物和有毒物质积量的增加,这一自然生态和环境状况的急剧恶化,直接威胁到人类的生存。在某种意义上,人类的生存已经到了"最后一个十字路口"①。国家必须向人民提供一个适合生存的环境,对于良好环境的提供也成为给付行政的重要课题。如果行政机关怠于行使环境保护义务,应将其视为行政不作为。在宪法上,公民的环境权和国家的环境义务是结合在一起的,而国家环保义务是首位的。

我国的环境问题正极大地制约着国民经济与社会的健康发

---

① 王曦:《美国环境法概论》,武汉大学出版社1992年版,第127页。

展。在未来几十年间,我国污染治理和生态保护的任务将是十分繁重的。随着我国全面进入工业化、城市化的经济高速发展阶段,建立环境财政体系就急迫地提到了政府的议事日程。国家环保总局的数据表明,"十一五"期间,我国污染治理投资总需求为1.3万亿元,平均每年需求2600亿元,相当于我国GDP的1%。全国人大环资委主任委员毛如柏在第二届环境与发展中国(国际)论坛指出:"十五"期间,"三河三湖"治理项目仅完成65%,投资仅完成53%。这里实际上提出了这样一个问题:遏制环境污染,除了资金投入,更重要的还是制度投入,否则无法根本解决环境污染问题。只有公共财政体制的建立才有利于确保政府环保投入的刚性。更重要的是,只有通过刚性的预算制度,才能确保既有环保资金投入真正都用到"刀刃"上,充分发挥其应有环保效益。

需要特别强调的是,环境保护的财政资金投入应该稳定,而不是"相机性"的。"十五"期间,中央财政安排环境保护资金680亿元,主要体现为国债的形式。国债资金在"十五"期间的环保工作中发挥了巨大的作用,但也反映了中央政府环保财政支出的不确定性。环境保护工作的性质要求长期稳定的资金投入,它不应该随着宏观经济政策的调整、国债发行规模的变化而变化。各省市政府要在中央政府的指导下,逐步建立环境财政制度,把环境保护资金纳入年度财政预算,根据自身的财力状况和环境保护的任务,切实落实环保资金,并具体分解到污染治理项目中去。

四、公共预算的任务要求我国政府转变职能

财政是庶政之母。《旧唐书·杨炎传》就说道:"夫赋税,邦国之大本,生人之喉命,天下理乱轻重皆由焉。是以前代历选重臣主之,犹惧不集,往往覆败。大计一失,则天下动摇。"①财政是政府理财关系的总和,既是一种经济力量,也是一种政治力量,而且是最能体现政府意志的经济力量,即政府以财行政。

那么,政府应当如何行使职能?尽管具体模式不尽一致,但是发达国家都有一些共同之处,都是建立在以下几个基本制度条件之上的:一是私人资本为主;二是公共财政;三是健全的法治环境。主要包括:

1. 转变政府职能,将政府事权限于公共事务,并在此基础上合理界定政府的职责范围。凡市场能够起有效调节作用的产品或劳务,由企业或个人根据市场供求情况自行决定生产或消费,政府只负责那些不能或不能完全由市场协调的部门和领域(如教育、医疗、公共设施、治安、国防等)。

要在政府和财政的基本职能中收缩生产建设职能。总体上国有经济要实现战略性重组,抓大放小,收缩其覆盖面,强调质量和影响力。从长期目标看,地方政府和财政应该逐步退出一般竞争性的投资领域。中央政府应有限介入竞争性领域,即一些长周期、跨地区、特大型的对于生产力布局优化、产业结构升级和长远发展有战略性意义的重大项目,比如宝钢、京九、三峡等。②

2. 合理掌握财政分配顺序。在公共财政的框架下合理掌握财政分配顺序,首先应是保证国家机器在效能前提下的正常运转,其后应是满足公共需要即公共产品和服务的提供,如生态环境保护、国土整治、社会保障、义务教育的普及、公共卫生医疗与防疫体系

---

① 转引自翁兴利主编:《地方政府与政治》,商鼎文化出版社1999年版,第19页。
② 参见贾康:《关于公共财政的若干思考》,载《中国社会科学院研究生院学报》2005年第6期。

的建设等。公共产品和服务提供到位了，社会的投资条件、生存环境的水准就能提高，会反过来促使整个经济发展活力不断增强。然后，才是政策倾斜方面和重点建设方面的事项。

3. 改造国有企业制度。彻底解除企业对政府的行政隶属关系，使其真正成为自主经营、自负盈亏、自我发展、自我约束的社会经济的行为主体与利益主体，规范政府与企业的利润分配关系。如果在企业制度改革方面没有实质性的突破，那么企业就不可能成为严格意义上的社会经济行为主体，政府对企业的行政干预就不可能消除，从而区域封锁等问题就不可能绝迹。

4. 健全法律体系。新中国成立以来的经验已经充分证明，没有法律保障，无论设计出来的财政体制多么完美，在实际执行时都会发生扭曲。不加强法制建设，中央政府对地方政府的移转性支付就难以排除人为因素的影响，执行中难免出现随意性和不规范的情形，妨碍地方财政的健康营运，导致财政资金使用无效率或中央的税源大量流失，从而偏离财政收支划分制度的设计初衷。所以，政府行为与依法行政的公务员须受法律明定的司法或准司法制度，监察、调查、稽核、审计等政府内部控制体系以及具预算权、立法权的民意机关约束，以杜绝随意解释中央政策或地方"有令不行、有禁不止"的现象。[①]

5. 加快投资体制改革。中央政府主要承担大型、跨地区的基础设施、基础产业和某些特殊性质的重大建设项目；地方财政投资重点应放在非营利性的区域性基础设施和公益设施方面。建立和

[①] 参见朱宪堂、孙茂强主编：《94 财税大变革——分税制与新税法》，煤炭工业出版社 1994 年版，第 3—20 页；姜永华、赵怀坦主编：《财政税收新制度详解》，企业管理出版社 1994 年版，第 26—38 页。

完善经营性投资项目的注册资本金制度,建立国家财政投融资体系,包括以中央资金为主组建政策性银行,为基础建设提供政策性资金。在"拨改贷"后,"大金融小财政"的趋势愈发明显,中央为达到宏观调控的目的,通过对政策性银行贷款对落后地区重大建设的利息补贴进行区域资源再分配,但贷款的地方政府或国企通常没有动机还款,隐藏着金融危机或通货膨胀的风险,这反过来扭曲了金融市场甚至加剧了中央财政负担,所以这种做法并不可取。在量入为出的原则下,中央应将有偿金融投资与无偿财政拨款严格区分,对专项拨款定期监控,提高资金使用效率,而回收性公共建设 BOT 的融资应主要来自民营商业银行或私人投资机构。

6. 积极开拓理财新方式。我国三十多年的改革开放,已使政府职能发生了一系列的调整转变,也极大地改变着政府理财的范围、方式和重心。为使财政调控适合市场经济和经济效益的要求而健全起来,很有必要在配套改革中改变一些传统理财方式(如对企业经营性亏损实行补贴等)的同时,开拓理财的新领域、新方式。例如:

(1) 积极稳妥地发展政策性投融资。西方发达国家在政府理财中,一般不太重视政策性投融资,而在日本等后起的市场经济国家,政策性投融资却发挥了十分重大的作用,成为实施产业政策、优化结构的有力手段和经济起飞的强大助推器。我国在现代化进程中,资本市场的不成熟加上紧迫的发展任务和压力,也要求政府积极地运用政策性投融资方式加快经济起飞。这种政策性金融不宜与中央银行调控下的商业性金融混为一谈,应当归属于财政职责。我国财政部门过去一向运行小额技改贷款和周转金等财政信用形式,但将其作为一种全局性安排的政策性投融资,却几乎是一个新的课题和工作领域。前些年,不少地方财政部门自主发展的财政贷款信用形式,作正确引导,可以引入政策性投融资轨道。几年前国家专门成立的三家政策性银行,由于均放在财政体系之外,不能用以理顺政府间的职能与关系,便很快陷入政策性目标与资金保全两个基本要求无法兼顾的困境。今后应把政策性投融资定位于财政调控体系之内,逐步理顺机构与工作关系,借鉴国际发展经验并充分考虑我国具体国情,积极稳妥地探索中国式的政策性投融资发展之路,把贴息手段作为重要杠杆,以较少量的政府财力调动大量的社会资金按国家产业政策运作,达到四两拨千斤的效果;同时严格实行项目的科学决策制度和多重审计监督制度,以最大限度地防止此中可能发生的寻租行为。政策投融资资金收支应纳入财政预算体系,作为复式预算的一个相对独立的组成部分。

(2)大力推行政府采购制度。关于政府对物品与劳务的采购支出如何形成合理而明晰的制度规范,西方发达市场经济国家已作了多年探索,形成了政府采购制度,即政府以公开招标竞价为主要方式实行统一采购的一套完整规范及其在机构、运作等方面的严密安排。今后应把完善政府采购制度作为加强财政管理、改进支出方式的重大举措,大至成套的固定资产和办公设备,小至批量化的一般办公用品,都尽可能通过规范、透明、公平的招标竞价制度来采购,使政府公共物品的消费与市场竞争性的供给合理衔接,达到三方面的进展:① 在市场化导向中提高财政资金的使用效益,通过招标竞价促成那些最具竞争力的厂家对政府薄利多销,提供价廉物美的商品和劳务,从而降低行政成本,挖掘巨大的资金效益潜力。② 在法制化导向中加强政府系统的廉政建设,提高政府采购过程的透明度和严密性,从而减少产生权钱交易等腐败现象和因工作人员暗中吃回扣引致的政府财力误置。③ 坚持科学化导向,提高政府的调控管理水平,通过统一的政府采购,有意识地贯彻在总量调整、结构优化、稳定物价乃至环境保护、社会福利等方面的政府政策意图,从而发展并健全适应市场经济要求的间接调控手段,提高政府理财与宏观管理的科学性。①

---

① 参见贾康、阎坤:《转轨中的财政制度变革》,上海远东出版社1999年版,第222—249页。

第四章　预算审议的立法控制

立法机关对预算进行审议,是宪政原理和宪法的基本原则,也是民主制度应有的内涵。例如,我国《宪法》第 62 条规定:全国人民代表大会行使"审查和批准国家的预算和预算执行情况的报告"职权;第 67 条规定,全国人民代表大会常务委员会在全国人民代表大会闭会期间,审查和批准国民经济和社会发展计划、国家预算在执行过程中所必须作的部分调整方案。宪法将立法机关对于预算案的审议与监督宪法实施及修改、解释宪法并列,其重要性可见一斑。立法机关以制定法律等方式表达其代表人民的意思,多数立宪民主国家都承认其优先性,所以才有"议会主权""立法优越"等概念。[①]

第一节　预算审议权归属于立法机关

一、预算审议是民主的应有之义

研究议会民主制度的历史进展我们可以发现,包括预算制度在内的财政制度与议会民主制度的发展可谓相辅相成、并驾齐驱。

---

① See Jeffrey Goldsworthy, The Sovereignty of Parliament History and Philosophy, 1999, pp. 9—21.

以英国宪政发展史为例,最初就是为限制国王征收租税权力的运动,后来同时确立国王也受法律拘束的原则。近代国家实行议会民主制度的同时,大多将议会审议国家岁入岁出的权力纳入宪政体制中。随着人民主权原理的确立和民主制度的发展,人民不仅仅只有被动同意执政者预算案的权利而已。如何促进政府提出人民需要的、喜爱的财政支出,甚至主导预算内容,以及如何监督政府不背离预算,避免财政运营脱离预算限制,从而损害国民财产权等基本权利,成为近代财政乃至于预算制度变革的重心。

国家预算的编列、审查与执行,不仅牵涉到国家有限资源的有效分配与合理运用,更关系到政府施政方针和全民福祉,甚至影响一个国家的整体竞争力。[①] 预算与议会制度可谓是现代民主政治制度的滥觞,如果说议会制度是现代民主政治的基石,预算则是奠基的肇因,因此当今世界各民主政体政府,都以民意代表机关来监督控制政府财政预算的编列以及执行。[②] 通过对预算案的审议,人民才能享受到"当家作主"的滋味,才能体会到民主的意义。

[①] 洛桑国际管理学院(IMD)和世界经济论坛(WEF)都将公共预算与财政稳定与否等相关指标,列入整体评估国家竞争力的测度清单中。

[②] 最早记录见于1217年,由英王约翰所签订的《大宪章》第12条规定:"非经全国人民之同意,不得向人民征收代役金(scutage)和税捐(aid)……";1789年8月29日,法国《人权和公民权宣言》第14条明白宣示:"所有公民都有权亲身或由其代表来确定赋税的必要性,自由地加以认可,注意其用途,决定税额、税率、客体、征收方式和时期"。其他有关国家宪法、法律规定列举如下:我国《宪法》第62条规定:"全国人民代表大会行使下列职权:……审查和批准国家的预算和预算执行情况的报告";美国《预算和会计法》第201条规定:"总统须于议会每一正式会期十五日以内咨送预算案,其中包括预算咨文、提要和正文,暨附属表等";日本《宪法》第60条规定:"预算,应先提出于众议院"。《德国基本法》第105条第3款规定:"规定税收收益的全部或部分归各州或镇或联合乡所得的联邦法律,需经联邦参议院的同意"。

二、宪政国家的预算审议权

从英国议会制度的发展经验考察,议会预算审议权的目的和作用是控制行政权的恣意行使。预算制度可以说是议会控制行政权的一种机制。议会对于预算案的通过,意味着在所通过的预算范围内,同意行政权的发动与运作,并给予财政上的支持。那么,预算审议权究竟是一种什么性质的权力？它的行使主体和作用对象为什么分别是立法机关和行政机关？本书拟先了解世界主要民主国家预算审议权的实践,继而探究预算审查权的归属原理。

(一) 美国的预算审议权归属

美国预算案的审议机关为国会,美国宪法赋予国会有代表人民"看管政府荷包的权力",除非经由国会依法拨款,政府不得从国库支用任何经费。通过预算的审议和审计,以及对预算执行的监督控制,立法部门才能对行政部门进行有效的监督和制衡。然而,美国宪法对于国会的预算审查权只作了原则性的规定。《宪法》第1条第9款第7项规定:"国库不得作任何款项的支出,除非有法律的授权。"此外,该条第8款也赋予国会发行货币、对外借款、课税的权力,而在第2条有关总统权力的规定中,并没有明显提及与此相关的内容。由此可见,美国将财政权与预算审查权交给国会:国会拥有财政法案立法权,包括征税和预算的审理,而且征税案应由众议院提出,众议院拥有预算的先议权。[①]

---

① 国会参众两院早在1865年即各自成立拨款委员会,并在1975年各自设置预算委员会。预算委员会负责制定预算决议案。在拨款委员会中,分为若干次级委员会,分别审议不同政事别的支出。也就是说,审查预算案时,国会并非就预算案全案进行投票,而是将整部预算案按照功能性质分为13个拨款法案,分别由国会两院拨款委员会的13个次级委员会进行审议。各项支出计划在拨款之前,通常必须先获得授权。有的支出项目必须每年重新授权,有的项目则享有多年度的授权,也有某些支出计划享有永久授权。

美国联邦预算筹编过程极为精密,由行政机关高层集中管理所有的权责;国会在这个预算审议过程中,则采取十分积极主动的态度,而且也能够获得完整的信息作为审议的基础。密集的公开讨论、政治上的高度竞争、人民对于政府绩效监督的需求,使得每项与预算有关的计划在通过之前都要经历多方的检查和筛选。众议院与参议院共同审理完毕的法案交由总统签署后,即成为各个机关在新的会计年度支出和征税的依据。美国的预算决策过程大费周章,这是其他国家所没有的。

美国预算案是以法律案的形式出现的。美国1921年《预算和会计法》规定,总统有准备和(向国会)提交年度岁入、岁出预算案的义务,但"准备和提送"并没有拘束立法部门的效力,也不成为立法程序的一部分。在总统提出年度预算咨文和预算草案之后,国会即开始它的审议过程。

美国国会的预算审议权极为完整、自由。国会有权修改总统的预算建议,既可以删减也可以增加甚至转移项目,国会有权决定联邦预算岁出及岁入的总额。国会参众两院均享有实质的审议权力,预算案抵达国会之后,国会可以通过、变更或否决这个预算案。更具体地说,美国国会对于总统提出的预算案,享有几乎没有限制的议决权,对于预算不仅可以提议增加或删减金额、增列新项目和金额、对任何项目或金额的动支附加条件或限制,还可以通过拨款法案课予行政部门进行特定计划和执行支出的义务;在岁出部分,美国国会完全可以自行决定各项特定支出的拨款。因此,其审议预算的权力十分完整。历年来,总统提出的预算被国会全部接受的,寥寥无几。国会审议通过预算案之后,随即通过授权和拨款法案。美国国会并非通过单一的年度预算,而是以一个又一个的拨款法案方式逐批拨款。

(二) 英国的预算审议权归属

英国议会的议决预算之权创始于1688年的光荣革命。英国议会负责预算审议以及预算执行后的审计事项。内阁的预算案送达议会后,议会可以接受或拒绝预算案。如果预算案遭到议会拒绝,行政部门必须重新送交议会一份新的预算案。由于英国行政权与立法权的关系并不完全符合权力分立制衡的原则,而是建立在行政与立法融合上,因此英国议会在预算审议方面的权力,形式大于实质。

对于公共预算的审议,下议院掌控实权。在审议支出预算时,由下议院直接审议;岁入方面赋税和国库赊贷等议案,同样由下议院直接通过决议案予以核定。当下议院将它审议完毕的财政法案——预算案版本送给上议院审查时,根据英国议会法的规定,上议院仅能进行讨论,而不能予以修改。同时,如果上议院未能在一个月内予以同意通过,按照议会法该预算法案即自动生效成为法律。因此,上议院在审议财政法案时,仅扮演"橡皮图章"的角色。

财政法案经议会完成三读程序后,议会即可订定"拨款法案",赋予行政部门动用公款的法源依据,完成整个预算审议的程序。当上议院形式上同意之后,财政法案再经由"国王同意",成为正式的法律,至此该会计年度的预算案才正式成为法定预算。

英国1706年2月11日通过下议院议事规则,该项法案经三次修正,1983年版第109条规定:英国下议院非经国王提出,不受理国务支出的审议。国库支付或议会议决有关金钱的支付,非经政府提出有关金钱支出及岁入负担的议案,不得审议。这种禁止金钱滥用的规定,已成为英国宪法的基本原则,这实际上就是"议会预算增额修正权的否定"。英国下议院规则规定,议员对内阁所提预算案,不能有增加支出或增列新科目的提议。即使提案人是有内阁成员身份的议员,也不能动议增加预算,只能剔除某一科目或删减某一科目的金额。①

由于英国宪法是柔性宪法,一般认为英国是"议会至上"而不是"议会主权"国家,因此英国议会对预算审议的权限是"严于律己"的自我克制。而在刚性宪法国家,对议会预算审议的权限是由宪法来规范的。所以,在某种意义上也可以说英国并不是绝对禁止议会有预算增额修正的权限。

（三）德国的预算审议权归属

德国议会拥有联邦公共预算案的审议权。经内阁会议通过的预算法案,应同时送达联邦众议院与联邦参议院。议会在9月新会期开始后,便开始进行预算案审议。

联邦众议院单独拥有预算同意权,联邦参议院仅有异议权。《德国基本法》第110条第2款规定:预算案应于年度开始前,以"预算法律"——年度预算条例的方式,由联邦众议院议决。联邦参议院有权在六个星期内对此提案提出意见。② 预算计划按年划分为一个会计年度或几个会计年度。预算计划应在第一个会计年度开始前由预算法律确定,必须规定各部分预算计划适用于按会计年度划分的不同期间。③ 该预算案以及为了变更预算法律与预算案的提案,应同时提交联邦众议院和联邦参议院,由参议院决定。联邦参议院仅有一种异议权,如在联邦预算法中的附属规定

---

① 由于内阁在下议院拥有多数,议员在减少支出方面很难取得成功。
② 参见《德国基本法》第110条第3款。
③ 参见《德国基本法》第110条第2款。

涉及联邦时,参议院依照基本法规定有行使同意权义务的事项时,才能行使异议权。

德国议会预算议决权的行使,通常以删减政府所提的预算案为主,顶多维持原预算。预算案经过联邦众议院和联邦参议院的共同审议,两院均获得共识,由财政部长和总理签署、总统签发和联邦法律报告公布后,新会计年度法定预算才告确立,成为联邦预算实施的基础,再由联邦政府及其行政管理机构负责执行。行政部门必须执行议会所制定的法律或所通过的事项。[①]

德国联邦政府有被动的意见表达权。如果联邦众议院要提出增加预算支出的法律,联邦政府可以请求其延期议决这项法律,并在六个星期内提出自己对此的意见。[②] 在联邦政府表达过自己的意见后或是过了六个星期的期限后,联邦众议院可以议决这项法律。另一种情况则是,联邦政府可以在联邦众议院议决增加预算支出的法律后,四个星期内请求重新对此法律进行议决。[③] 但在实践中,联邦政府很少对联邦众议院有此举动。[④] 如果议会坚持提出预算增加支出的法律,联邦政府很难拒绝。[⑤]

(四) 日本的预算审议权归属

日本《宪法》第 41 条规定:"议会是最高国家权力机关,是国家

---

① 在执行过程中,议会如果想要增加预算支出,应先获得联邦政府的同意,因为政府对实际需要知之最详。这也就是《德国基本法》第113条规定的目的:防止议会议员为了讨好选民及其支持者,而牺牲经济性、节约性的原则。

② 参见《德国基本法》第113条第1款。

③ 参见《德国基本法》第113条第2款。

④ 战后德国联邦大多由三党联合执政,在组成联合内阁的谈判中三党大致已订下重要的政策方向,而且在每次预算案提出时,三党一般也已经过协商,凡此种种都能降低议会与行政部门的对立。

⑤ 因为德国联邦政府的成员实际上也是议会议员,由议会选出,议会也可以使之去职。所以,这在德国现实政治环境下意义不大。

唯一立法机关。"在预算过程中,日本议会拥有预算审议权。日本《宪法》第 83 条规定:"处理国家财政的权限,必须根据议会的决议行使之。"这一条体现了财政民主主义原则,但也只规定了议会对财政事项仅有议决权而已。第 86 条规定:"内阁必须编制每一会计年度的预算,向议会提出,经其审议通过";第 90 条规定:"国家的收支决算,每年均须经会计检查院审查,内阁必须于下一年度将决算和此项审查报告一并向议会提出",明确规定预算的编制权在行政部门,而议会所拥有的,则是预算的审议议决权和决算的审议权。

预算案经内阁决定后即向议会提出。依据《宪法》第 60 条第 1 款的规定,预算案必须先向众议院提出,经众议院审议完毕后,再将其所作预算决议送交参议院审议。参议院接到众议院的预算决议后,以委托审查方式进行审查。[①] 参议院完成预算审议后,再交由内阁执行。对于预算案,如参议院作出与众议院不同的决议,则根据《宪法》第 60 条第 2 款的规定:"举行两院协议会仍不能取得一致意见时,或在参议院接到众议院已经通过的预算案后,除议会休会期间外,在三十日内未作出决议时,即以众议院的决议作为议会决议。"

(五) 法国的预算审议权归属

依据《法兰西第五共和国宪法》,议会拥有法案和预算案(财政法案)的审议权。在法案审议方面,法案因提出者的不同而区分为政府案与议员案。关于政府提案,则须咨询中央行政法院后,并经

---

① 委托审查是指预算委员会在审查总预算的过程中,就该项总预算委托其他委员会就其主管部分审查。

部长会议讨论,再送交议会任何一院的秘书处。

法案由两院先后审议,以期法案的内容一致。若两院就法案审议有不同意见,导致草案或提案经两院二读后仍不能通过;或如果政府已经宣告为紧急法案,经两院一读后还不能通过时,总理有权召集两院对等联席委员会,负责就讨论中的条款提出一个文本。联席委员会拟订的文本可以由政府提交议会两院通过;任何修正案除非获得政府同意,都是不能受理的。①

法国的预算案其实是以财政法案的形式出现的,议会审议财政法案的程序大致与上述的一般法案审议程序相同,但不同之处有二:一是财政法案必须先送至国民议会审议,二是议会审议财政法案有时间限制。②

预算提案应由议会两院审议一致通过。③ 参议院经常会将国民议会审理过的财政法案作大幅度的修正,为了能使两院达成共识,须由两院代表共同召开联席委员会,然后再将联席委员会完成的协议的草案送至两院投票。如果两院投票仍不能就该协议版本取得共识,则由国民议会作最后的决定。倘若总统、总理、两院议长、60名以上的参议员或国民议会议员对审理过的草案有异议,则会再将该草案送到宪法委员会就合宪性进行审查。最后,再将草

---

① 参见《法兰西第五共和国宪法》第45条。
② 依据《法兰西第五共和国宪法》第47条,国民议会若未能在40天内作出决议,则财政法案即需送参议院审议,参议院应于15天内作出决议;两院分别决议之后,即适用第45条设立的共同委员会或由国民议会单独议决方式通过财政法案;若议会未能在70天内作出决议,则政府可以以行政命令代替原有的草案加以执行;若一财政法律系涉及税收或支出,而议会未能在会计年度开始前完成审查,则政府有权要求议会快速授权开征相关税收并且动支法律、条约或事实上已经确定的预算。若是有关社会安全的财政法案,国民议会必须在该法案提出后的20天内完成一读,否则政府可以将该法案送交参议院于15日内议决。若是议会无法在50天内就该法案议决,政府可以以行政命令实施该项法案。
③ 参见《法兰西第五共和国宪法》第45条。

案送交总统公布,完成下一会计年度的预算法案。

在预算案中,议会不仅没有主动提案权,原则上也禁止修正政府所提预算案。自第三共和时期起,法国有关预算的提案权及增额修正权,即由议会自我设限。现行《法兰西第五共和国宪法》第40条规定:"议会议员提出的建议案和修正案,如果通过结果将减少国家收入或者将新设或加重国家支出时,即不予接受。"由此可知,议会议员不得提出减少公部门收入或提高支出的法律案或法律修正案,这使得议会的预算审议权大受影响。

三、预算审议权归属于立法机关的具体论证

在现代民主国家预算审议权归属于立法部门,在实践中和法理上,并没有太多不同意见。预算审议权专属于立法部门主要基于以下几个理由:

(一)防止行政部门财政膨胀而增加人民负担

预算是国家收入支出的预定总计划,其基础是人民的负担。当今,以人民作为国家主体的民主国家,为了防止政府专擅、控制不必要的浪费支出,造成国家财政、人民税赋上的沉重负担,因此赋予代表人民的立法机关有审查议决政府所提预算案的权力。

在早期的政府财政理论中,民主国家的设立旨在防止行政部门任意膨胀财政支出,增加人民负担。在民主主义与议会中心主义两大原则下,重要的一项宪法原则便是由代表民意的立法机关审查议决预算案。基于权力分立原则,政府主权的行使应受立法机关议决的预算和法律的制约。本着财政民主主义原则,预算应经议(国)会审议决定,已成为民主法治国家的通行做法。立法机关可以由预算案议决权的行使,在财政方面对政府行为的每一阶段加以限制和监督。在我国,全国人大及其常委会依据《宪法》第62条、第67条的规定为国家最高立法机关,有议决预算案的权力。相对于全国人大的预算同意权,国务院有依据《宪法》第89条规定的预算提案权。预算案的提案权和议决权分别由国务院和全国人大为之,这是依据人民主权原则和权力分立原则所得出的必然结果。

(二)通过权力分立与制衡保障人民基本权益

对行政权有节制作用的立法机关预算审核议决权,在19世纪欧洲宪主义下占有非常重要的地位。而立法机关预算案议决权制衡行政权的作用,直到现在还是民主国家中立法机关最重要的职权之一。

凭借预算审议权,立法机关审查议决通过的预算案本质上是一种对政府的授权,使政府能为了达到一定施政目的,而支用由立法机关同意的预算。因为由立法机关行使的预算审查及议决权是一种传统的对政府(行政权)的控制权力。即政府在财政经济上的措施和行为,必须获得立法机关的同意,使政府在施政上能直接接受民意监督,以期达到合理节制的目的。这就是立法机关行使预算审查议决权的原始作用,其最终目的是通过权力分立与制衡原则来保障人民的基本权益。由于国家总预算的最终同意权单独掌握在立法机关手中,使得立法机关成为国家预算的主宰者。

(三)通过立法机关的督促以引导政府积极作为

预算是政府在一定时期的财政基础。在今天,人民不仅要求政府能够促进经济发展,而且要求政府在社会福利、教育文化和环境保护等各方面都能积极地作为。倘若这些方面预算经费的编列不能符合民众的需求,人民可以积极地通过立法机关行使预算审查议决权来督促政府行政,由此可以积极发挥立法机关在政策上引导的作用。这些积极计划和引导政策有其政治上的意义。

第二节 预算审议的制度建构

一、制度建设对预算审议权行使的意义

现代民主国家活动所需要的资金,最终是由全体人民提供的,在宪法上属于对人民财产权的限制。另外,国家所管理的财产,究其根本也来自于人民,只能为了人民的利益而管理、使用,不能有其他目的。因此,除了租税行为本质上要受到租税法律原则的拘束外,其他属于人民信托给政府的公有财产与资金,也应当受到人民代表的监督。[①] 预算是国家收入支出的预定总计划,以人民的负担为基础;公共预算的内容包括岁入和岁出,二者与人民权益息息相关,对不同阶层或不同团体人民的经济福祉将产生明显的影响。[②] 在今天以人民作为国家主体的民主国家,代表人民意志的议会享有审查、议决公共预算的权力。因此,议会的预算同意权也被称为立法者所单独拥有的决定权和确定权。[③]

"预算过程"是一种决策过程,它的最终目的在于资源配置。在预算过程中,人们或团体各怀不同目的和观点来竞争政府有限

---

① 参见蔡茂寅:《财政制度》,载《月旦法学》1999 年第 9 期,第 133 页。
② 以课税为例,课税权的前提是承认私有财产权,当课税收入占总预算额比例很大时,势必要修改税法;而财产权的基础是整体财产,当税法不当地过度限制财产权人的自由(个人租税负担过度)时,则侵及宪法上的财产权保障。
③ 参见陈慈阳等:《"立法院"对预算审查议决权之范围及其应有之限制》,载《宪政时代》1994 年第 3 期。

的资源,因此经常是对于公共预算需要完成什么、为谁完成都无法达成共识。在公共预算过程中,负担政府支出经费的人和决定如何支用的人,并不是同一批人。一般而言,决定如何支用的人最终应向负担经费的人负责。通过预算能告诉一般纳税义务人,他们所缴纳的税款将被用到何处,以及支用情况。总之,通过预算将纳税义务人与政府官员结合在一起。民主国家与专制时代最大的不同在于立法部门(议会)的介入,基于制度设计,行政机关必须向立法部门(议会)负责;行政机关编制的预算,必须经议会的审议通过后,才是具有法定效力的预算,行政机关才可以执行。现代民主国家在实施统治时,都必须依赖被统治者的同意或支持,也就是必须具有实施统治的"正当性"。至于民主的方式,由于直接民主在实际运作上有技术性的困难,所以不得不采取由人民选举民意代表组成议会来行使同意权——这就是所谓的"间接民主"。议会对于国家的财政有决策参与权,就是"财政民主主义"或"财政议会主义"。

除了公民直接投票以外,公共预算的决策结果是否与人民的偏好相契合,和预算审议的质量有直接关系。由于在预算编制阶段,非民选的行政官员对于人民的公共需求感受不敏锐,所以必须通过预算审议过程中代议士的有效督促,才能充分回应人民的需要。通过对预算的审议,可以对行政部门发挥监督的作用:一方面限制行政机关权力的扩张,另一方面避免政府支出的过度膨胀,加重人民的租税负担。依据租税法律原则,税捐的课征必须要有议会通过的法律为依据,由议会负责制定课税的税目与税率后,交由行政机关执行。至于国家预算的收入部分,也有必要予以严格的限制。

二、预算审议的政治基础

最初的预算制度只是统治者与被统治者的财务需求的表现,被统治者为了"讨论"统治者的财务需求,逐渐形成了议会制度。但由于政府体制向民主政体的转变,一方面所谓统治者和被统治者的关系已不复存在;另一方面,政府的角色和功能也由消极趋向积极。换句话说,由于民主政体已经不存在统治者和被统治者的权力关系,公共预算并不只是统治者对被统治者的单向经济资源的输送、牺牲和贡献,而是一种"取之于民,用之于民"的双向关系;公共预算所产生的经济效果,实质上是经济资源在人民彼此之间的"再分配";民主政体下的政府,严格而言只是收入与财富再分配的机制。因此,"预算审议"实际上已不只是单纯的立法与行政之间的政治角力,还是各个党派、政治势力和利益团体竞争经济资源的场所。

当前的预算多从财政、经济的角度直接进入预算数字的分析,而新兴的预算研究者则是从政治结构、政治运作过程来观察。前者可以说是体制内的分析——也就是着重在经济性的成本效益评估;后者则把预算视为政治学研究的主题,视野上扩展到国家政治权力结构及权术的运用。本书尝试运用原属政治理论范畴的抽象"协商民主理论"从法学的角度来建构议会预算审查标准,厘清议会预算审查的各种相关问题。

"思辨民主"要求代表或议员进行某种形式的思辨,作出合理决定,不受派系或利益团体的操控,最终向人民负责。思辨民主最终期许一个"理性共和国",也可以说思辨民主的基础思想是共和国主义,即政治思辨过程应超越狭隘的选民个人或地域私利,为发现"公益"而努力。① 民意代表审议预算,并不仅是"为人民看紧荷包",更是为所谓的"民意"谋福利。那么"民意"到底是指什么?所谓的"民意"是不是就是行政部门和立法部门之间的相互妥协?

"协商民主"可拆解成"协商"和"民主"两个概念。其中"协商"意味着决策过程以讨论的方式进行,讨论的参与者必须珍视理性和公正的价值,而"民主"则表示任何集体决策的作出必须经由所有会受影响者(或其代表)参与而产生。"协商民主"的思想不是横空出世的,协商民主绝非是一种创新,而是一种再兴,其历史与实践几乎和民主的概念本身一样久远,都来自公元前五世纪的雅典。② 在西方政治思想的演进中,它和"公意""自由""平等""讨论"和"共善"等许多概念是具有高度关联性的,这几个概念大致是这样联结的:自由与平等的公民通过讨论的方式来决定集体事务,而决策的正当性基础来自于讨论之后公民对该决策的同意,因此这是一个在该政治社群得到共识的决定,从而可以说这个决策是该社群的共善,人民的公意在这样的过程中得以显现。

在民主社会中,每一个人的偏好或是利益的选择,不可能完全相同,也并非是固定不变的。公民偏好的形成是在个人与他人的互动过程中,或是公民与制度的互动中产生的。运用在政治制度上,民主的政治程序必须强调"审议"的重要性,期望通过更公开、透明的渠道,给予代议制度更强烈的民主正当性,一方面使得代表人民的议员与政府当局在对话的过程中,思索其所选择的利益及

---

① 美国制宪先贤们所要设计的共和国并非"赢者通吃"(some "winner-take-all" system),而是"代议士基于全民利益而统治"(the representatives would govern in the interest of the whole people)。

② 参见陈家刚选编:《协商民主》,上海三联书店2004年版,第2页。

价值，修正其偏好；另一方面，通过在公共领域的参与，鼓励公民在利益的选择中朝向共同性的利益方向作实质的改变，最终将个别偏好转为共识。

自协商民主理论兴起以来，有不少人怀疑其理性预设太强，而且公益是不可能取得的。但是，如果放弃理性预设、放弃追求公益的理想，决策共识仅在经由政治权力的角力过程以牺牲少数的多数暴力下产生，或是在各个利益团体间为争夺有限的社会资源而不得不交换利益间产生，我们将会发现代议制度的缺口永远存在，而沉默大众问题也将更严重，最后便会出现如经济学领域的"兽奔现象"①"自我实现"②一般，实践"公益不存在"的论调。

在对协商民主的多样化论述中，不约而同地关注到下列命题："自由""平等""理性"（充分沟通、公开透明）和"公益追求"。四大命题的概念大致上有这样的关联：决策的正当性基础来自于具有自由权利、平等地位的公民通过公开理性的讨论来决定集体事务；公民经由不设限的审议作出对该决策的同意，可以视为该社群的共识，从而认为该共识是整个社群的公益。因此，在制度设计上，必须要使拥有自由权、平等地位的公民之间展开公开理性的讨论成为可能。

---

① "兽奔现象"是指市场中的个体在信息不充分的情况下，因道听途说而使资金像野兽一般在国际市场上流窜的现象，这种夹带热钱在国际资本市场间移转的现象，往往会使市场对汇率的变动产生过度的反应。运用在本书中，人民对于协商民主理论的不了解，从而道听途说公益不可能，只有靠交换利益才有可能得偿所愿，因此人民便盲从地认为多数暴力是代议制的常态，加深对公众事务的疏离感。

② "自我实现"强调当市场个体中有相当数量悲观者采取悲观行为时，基于风险趋避原则，即使真实的情况并无恶化甚至正在好转，这些悲观者仍会刺激市场中的其他个体采取相同的行为，导致危机的发生。因此，自我实现是市场参与者集体行动所造成的现象，与经济基本面无关。运用在本书中，如果大家都悲观地认为公益是不可得的，而承认代议制度的不完美，进而对公众事务不理睬，那种集体的认知可能导致民主的破产。

三、预算审议制度设计的理论标准

(一) 自由、平等

在协商民主中谈到"自由"或"平等",一般都把具有自由与平等的公民当作理论前提,本书对自由的诠释作最基本的概念解释:自由是指在不受他人支配,个体能在不受任何有形无形的威胁状况下,自由地表达意见、作出选择以及践行自己的意志。至于"平等",费舍金(Fishkin)将政治平等定义为一个能给予每个人偏好同等考虑,并给予每个人适当的平等机会以便能够在所讨论的议题上表达其意见的制度系统,并用"形式上的政治平等""有效发言"以及"隔离条件"来确保平等;罗尔斯则指出,平等即个体具备能够成为社会完全参与者所需的最低基本能力;柯亨(Jean L. Cohen)则提出"形式上平等"——每个人均应有参与审议的能力,个体在审议过程中的平等地位并不会因既存的权利与资源分配而受影响。[①]

但是,自由与平等是不是完全兼容的?个体自主权利的保障范围可以很大,是否会侵犯平等地位的维持?因此,在制度设计时应注意自主权利的界定,也就是在保障权利的同时必须注意不侵害到他人的自主权利;在制度设计上要向一个既能保障自主权同时又能维持权利对称的机制。在这种机制之下,才能完成理想的审议程序——所有参与者都有同等的机会发言、质疑、诘问和公开辩论;所有参与者有权利提起新的议题、质疑给定的议题;所有参与者有权利就审议程序的规则,以及这些规则被履行的方式

---

① See James S. Fishkin, Democracy And Deliberation: New Directions for Democtatic Reform, 1991, pp. 1, 25, 64.

提出反驳。

(二) 理性

协商民主非常强调"理性"的重要性。例如,费舍金认为理性审议是个"程度"上的要求,可以用来区别公众在经过严谨反省与一时冲动所表达的意见;也可以说明个体在决策时间内能精确论证偏好的标准在于:"相关的论证是否已提出""论证表达机会是否均等""参与者是否有能力理解辩论过程中所提出的论证"。① 罗尔斯预设"公民是讲理的",以证成一个与他人互动的准则,也即一个平等、合作、互惠体制的规则与程序,必须由讲理公民所提出,也为所有人接受遵守。另一个观念"公民是理性的"(公共理性),是朝向"公共之善"而思考,并与政治权力正当性相联结。罗尔斯认为公共理性最适当的范例是美国最高法院对宪法所进行的解释。哈贝马斯强调"制度"的重要性,通过"交往行为理论"确认公民有公平机会和胜任能力参与公共审议而完成所期望的共识,依此程序所完成的结果均为合理的。简单说,哈贝马斯认为凭借交往过程确保理性存在,因此重点在于如何改善公民论述水平,并说明审议的正当性一方面来自于较佳论证的效果,另一方面应确保协商的公平条件。吉登斯(Giddens)预设协商民主的前提是政治偏好必定会彼此冲突,并强调"公开透明"的理性交往可以避免这种冲突,他不认为审议过程可以保证结果一定正确或会有共识产生,重点是只要程序具备了透明性就可以。②

---

① 逻辑上完备辩论(logically complete debate)的意义是:每个参与者轮番提案并利用论证加以支撑,同时其他参与者也对每一提案加以处理。每一个辩论参与者对于辩论议题过程中的所有信息都能有相同完整的了解。

② See Anthony Giddens, Runaway World: How Globalization Is Reshaping Our Lives, 1999, pp. 76—77.

尽管个体间的交往并不一定要通过理性的方式，但理性交往却可以提供给我们一种"失真度最小"的交通渠道。理性交往的特征在于其强调论证的严密性和普遍的认同，因为其目的是在于找到一种客观的论证，所以在交往上会强调让对方能对自己的想法有所理解。既然选择理性交往，就有必要达到最起码的相互了解，对于彼此的意见在能够充分了解之后，再进一步地去检验双方的论证，然后再作决定以完成交往。①

在立法机关的会议中，往往通过设定相关的议会规则来保证会议的理性辩论的进行。英国下议院的辩论规则，对议员发言的时间、发言的态度、发言的内容，甚至聆听他人发言的议员行为，都有详细规定。比如，议员发言时，"为保持辩论的精神，议员不可朗读事先准备好的讲稿，但可参看笔记发言；议员发言须就地起立，无遮掩；……不可走动发言"。在发言内容上，"议员若离开主题，议长得提醒之"。就聆听他人发言的议员行为而言，"未发言之议员在辩论进行中应坐在位上，或有礼节地出入场；不得随意徘徊；不准读书、阅报，或阅读信件；须保持肃静，不得发出嘘声或干扰他人发言"。另外，要依"公平的规范"分配辩论时间，"对于过于冗长

---

① 当然，有人质疑理性交往者：是否可以完全通过论证而得到一套完整的体系？当选择理性交往时，论证者已经除去所有非理性的立论基础。这会衍生一个问题，对于"理性"这个交往工具的选取是否经过"论证"的检验？是否得到"经验"的支持？如果所有的假设都必须通过这两项检验才可以支持的话，那么最先开始拿起理性的态度就不是一种合理性的态度。也因此必须承认最先的选择可能是一种不理性的态度。也就是说，架构理性交往的元素是开始于一个"假设"，然后再去形成一套完整的系统，然后必须不断地注意过程是否能够满足理性讨论的要求。但除最原始态度的选取之外，其他素材的选取就必须通过论证与经验的考验，必须像自然科学一样满足自我一致的要求。最后所形成的理性精神就是一种随时准备接受批判、一种相互检讨的精神。换句话说，就是试图通过严密的论证与经验基础去接近真理的求知态度。

的发言,经过半数议员的同意,得通过停止辩论的动议"。①

值得一提的是,在进行理性交往前,也应同时符合前面"自由与平等"的要求,一个被剥夺基本自主权的个体,在权利不对称的状况下,是无法进行理性交往的。协商民主论者始终认为"凭借交往的过程确保理性存在",但无法否认理性还是无法完全解决价值冲突问题,也就是怎样的论证是理性的与论辩者本身所持有的价值无法分离,如何在交往过程中说服彼此完成协议或妥协?协商民主论者的见解是,一个成功的论证,是可以唤引出听众特定情感或回应的,在唤引的过程中,彼此的不同背景价值观达到融合。也就是说,可通过能唤起人际情感的互动,来进行互相理解和充分表达彼此的立场。

(三)公益

罗尔斯将公共理性与公共之善相联结,认为投票绝非依据个人的偏好与利益,而是以共善为着眼点。共善是指审议过程中具有"为人所接受的理由"所产出的利益,不同于共识。另外,共善也"能够增进每个公民的利益"。哈贝马斯提出双轨协商民主的概念,即公共领域的非正式协商和决策机构的正式协商。公共领域的协商形成共识后,经过机制或国家"公众信息流"传递给国家,传递的机制主要是选举与媒体。② 他认为"制度化的政治过程"(议会、选举与政党竞争)与公共领域(市民社会)都具有在形成共识之下完成公益的功能,前者是使用审议、多数决或公正协商以使决策具有正当性,后者意在对于现存问题作出警示,增强制度化的政治

---

① 参见朱志宏:《立法论》,三民书局1995年版,第151—152页。
② 参见李龙:《论协商民主——从哈贝马斯的"商谈论"说起》,载《中国法学》2007年第1期。

过程解决问题的能力。

协商民主论者对于公益的看法,是在保障基本权利的基础下,不侵害他人的权益,可以平等地通过审议的过程而被所有公民公开认可的"个别利益"。换句话说,公民从其差异悬殊的社会观点所作出的利益宣告之所以具有正当性并可以依此对社会资源进行使用的原因,在于其必须经由审议的过程,使得其他公民能够对其观点与内容有所了解,并认为所提出的理由是可以接受的。

综上,符合"自由""平等""理性"的审议过程可以达到"公益"追求,由此可知,协商民主理论的四大命题缺一不可。因此,在预算审议制度的设计上,为了符合协商民主的要求,必须同时注意"自主权利的保障""维持权利的对称""公开理性沟通"等条件,审议结果虽不完全是公益的,但只要在程度上尽量接近公益,那么民主制度就又向前迈了一大步。

四、立法机关预算权的宪法规范:以美国为例

现代民主国家宪法都明文规定立法机关拥有预算审议权,如日本《宪法》第 60 条,《德国基本法》第 110 条以及美国《宪法》第 1 条第 7、8 款等。可见,立法机关拥有预算审议权已成为宪法上的基本规定,也成为现代民主国家共有的特征之一。下面就以宪法规定比较详尽的美国宪法规范为例,说明立法机关预算权是宪法层面的实然规范。

(一)岁入

美国《宪法》第 1 条第 8 款第 1 项规定:"议会有权赋课并征收直接税、间接税、关税与国产税,以偿付国债和规划合众国共同防务与公共福利,但所征各种税收、关税与国产税应全国统一。"① 同款第 2 项规定:"议会有权以合众国之信用借款。"② 这两项规定使美国议会具有征税权,并可通过发行公债来筹措联邦政府的经费。但议会对其发行公债权并不经常使用,只有在税收不足以应付政府岁出(出现公共预算赤字)时才使用;至于议会征税权的行使,才是议会每年度筹措岁入资源的主要方法。

美国的制宪者们为了避免议会行使征税权而使政府苛扰人民,于是在宪法中对议会的课税权予以四点限制:

1.《宪法》第 1 条第 8 款第 1 项规定:税收必须用以"偿付国债和规划合众国共同防务与公共福利"。也就是说,税收只能用于增进公共目的而不能用于谋求个人利益。③

2.《宪法》第 1 条第 8 款第 1 项还规定:所征各种税收、关税与国产税应全国统一。这一规定是指间接税应该全国划一。

3.《宪法》第 1 条第 9 款第 5 项规定:对于从任何一州输出的货物,均不得征收税金或关税。④

4.《宪法》第 1 条第 2 款第 3 项规定:直接税税额,应按本联邦内各州的人口比例进行分配。⑤

19 世纪以来,美国人民对于联邦政府的态度,已由原先要政府少做事转变成为要政府多为人民提供服务。在这个趋势下,政府

---

① 原文为:"The Congress shall have the powerl. To lay and collect taxes, duties, imposts and excises, to pay the debts and provide for the common defense and general welfare of the United States; but all duties, imposts and excises shall be uniform throughout the United States."
② 原文为:"To borrow money on the credit of the United States."
③ See United States v. Butler,29 7U. S. 1(1936).
④ 原文为:"No tax or duty shall be laid on articles exported from any state."
⑤ 原文为:"…direct taxes shall be apportioned among the several States which may be included within this Union, …."

必须举办新事业。新事业的举办自然需要巨额的经费,基于各种原因,之前那些限制议会征税权的各种措施已经不符合时代的需要了。于是便通过1913年《宪法第十六修正案》①,赋予议会征收所得税的权力。由于所得税是直接税的一种,美国《宪法》第1条第2款第3项原有限制规定:税额应按美国所辖各州人口予以分配。《宪法第十六修正案》特别规定:"议会有权对任何来源的收入规定和征收所得税,不必在各州按比例分配,也无须考虑任何人口普查或人口统计。"自1913年2月25日《宪法第十六修正案》通过后,所得税成为美国政府每年度岁入的主要来源,其他税收成为次要税源。② 尽管如此,今日美国因政府开支浩繁,常有预算赤字的发生,迫使美国不得不另寻渠道发行公债来弥补预算赤字。③

(二) 岁出

1. 美国《宪法》第1条第9款第7项规定:"除根据法律规定的拨款外,不得从国库提取款项"④,这意味着美国议会独享预算权。麦迪逊在《联邦党人文集》中提到:"预算权是代议士所能配备的最完整有效的武器,可以让每一个不满得到补偿,也可以让每一个正

---

① 全文为:"The Congress shall have power to lay and collect taxes on incomes, from whatever source derived, without apportionment among the several States, and without regard to any census or enumeration."

② 举例而言,1960年美国联邦政府的岁入概算共为771亿美元,其中个人所得税税额为407亿美元,占全部岁入概算的53%;公司所得税税额为215亿美元,占全部岁入概算的28%。两项税收合占全部岁入的81%,剩下的19%才来自于其他税收。See The Budget of the United States Government for the Fiscal Year Ending June 30, 1960.

③ 尤其在战时和经济萧条时期,发行公债已成为政府筹措战争经费和紧急费用的重要方法。

④ 原文为:"No money shall be drawn from the treasury, but in consequence of appropriations made by law;…"

义以及有益的措施得到实现"①;同时,麦迪逊在《联邦党人文集》中用简洁的口吻指出:"仅有立法部门有进入人民荷包的权利"②。其用意在于使一切经费支出权都操于议会之手,待议会通过拨款案成为法律后,行政机关才能支出执行。

2. 美国《宪法》第1条第9款第7项规定:"一切公款收支的定期报告和账目,应时常公布"③,这个条款牵涉到"秘密预算"问题。那么在议会的账目公布义务之下,如何理解"秘密预算"的存在?

制宪者有意以模糊的"时常"(from time to time)取代原先提案的"每年"字样,目的在于给议会裁量创造适当的公布时机,而不确定有拘束力的日程。制宪者承认财政作用(在外交和军事方面)有一定的秘密性质,不适于事件发生当时即行公布,太严格的公布要求反而会逼迫议会和行政机关忽视和规避宪法制度设计上的安全阀。不过,制宪者虽然承认秘密款项有必要,但仅是允许公布的时间延后,而不容许账目永远处于秘密状态。

3. 美国《宪法》第1条第8款第12项规定:"议会有权招募陆军并供给军需,但此项用途的拨款期限不得超过两年。"④

美国《宪法》这条规定用来限制议会拨支预算的部分权力。在18世纪时,每个会计年度的岁出额中美国联邦政府常备军费占了

---

① 原文为:"This power over the purse may, in fact, be regarded as the most complete and effectual weapon with which any constitution can arm the immediate representatives of the people, for obtaining a redress of every grievance, and for carrying into effect every just and salutary measure."
② 原文为:"as the legislative department alone has access to the pockets of the people"。
③ 原文为:"…;and a regular statement and account of receipts and expenditures of all public money shall be published from time to time."
④ 原文为:"To raise and support armies, but no appropriation of money to that use shall be for a longer term than two years."

大部分,人民不愿负担过重,并且恐惧执政者可能凭借军力来发展个人势力,所以才有了这条限制规定,迫使军费每隔一段时间由议会予以议定。今天美国联邦政府每个会计年度的预算案必于前一年一月议会开会后由总统提交议会审查,所以这一限制规定已失去了它的光彩。另外,这项限制,被认为是在仅"支持及供给"(raising and supporting)的情况下才有两年限制。①

美国《宪法》赋予总统三军统帅的地位,②但将支出军事费用的权力保留给议会,其设计便是将"发动"与"资助"战争的权力分离。简而言之,美国《宪法》认为总统对于钱(预算权)与剑(军事权)不可得而兼之。理由是:(1)英国历史教训;(2)发动战争者无法认清战争是否应被发动、持续或结束。

议会可以通过停拨经费的方式迫使总统停止军事行动、对总统的外交活动设定条件和禁令。但是,总统可否运用私人或外国资金进行军事、外交活动?议会若禁止总统的这种作为,是不是对总统(行政)权的侵害?这就是美国反伊朗事件(Iran-Contra Affair)所引发的宪政争议。③ 美国宪法对于预算权与军事权分离的要求,落实在议会对于私人和外国资助军事活动的管制问题上,明确认定议会拥有预算权用以监督总统所有的军事权。如果允许总统运用私人或外国资金从事外交和军事活动,则有可能产生下列弊端:

---

① See Louis Fisher, Presidential Spending Power, Princeton, N.J.: Princeton University Press,1975, pp. 175—176.
② 《宪法》第2条第2款第1项规定:"总统为合众国陆海军和奉调为合众国服现役的各州民兵的总司令。"
③ 1985年议会全面禁止CIA、国防部或任何政府部门,通过任何国家、团体、运动组织或个人介入任何直接或间接有助于尼加拉瓜军事或民兵行动的情报活动,但里根政府却涉嫌向国外或私人筹集资金,再通过国安会介入尼加拉瓜政变。

(1) 因为资金并非来自国库,总统的军事外交活动可以轻易绕过议会的禁令,议会难以监督;(2) 私人和外国可以以此影响美国国家的外交和军事政策;(3) 有利益交换(quid pro quo)的嫌疑。[①] 因此,从1794年订定中立法起,议会便禁止私人筹措军事经费对抗外国政府,并于1994年创设信托基金收受私人及外国政府的馈赠:款项直接进入财政部,且仅能用于议会指定的项目,目的在于迫使行政部门仍必须通过议会的拨款方能动用外来资金。

结论是显而易见的:美国国家政策(包括外交和军事政策)只能通过议会拨款的经费进行,否则就会出现制宪者最大的梦魇之一:钱与剑置于一人之手的暴政。

第三节 预算的执行结果——决算的立法审议

如果说预算是政府事前的财务收支计划,那么决算就是事后的财务收支报告,预算与决算不可分割。决算是预算实施的结果,政府财务的执行程序始于预算而终于决算,决算是每一会计年度财务收支计划实施的结果,即预算执行的最后报告。决算是预算过程的最后一个阶段,是公共预算制度的一环。

一、决算监督的意义

由于预算是预估数字,所以要了解预算实际执行结果必须编制决算,没有决算就没有办法明确预算收支执行的合法性和预算

[①] See Louis Fisher, Presidential Spending Power, Princeton, N. J.: Princeton University Press, 1975, pp. 219—224.

执行的绩效。同时,公共预算已不是单纯的一个财政收支计划,其意义已扩展到揭示政府施政目标,所以决算的另一个意义在于衡量政府施政的成绩与缺失。此外,决算的公布还可以增进人民对政府财政状况以及政府为人民福利所作努力的了解。通过行政活动的记录(会计),预算与决算前后呼应,环环相扣。按照审计法规定,审定预(决)算是审计机关的职权之一,是财务监察最重要的机制。因此,决算能发挥如下功能:一是公开财政事实,便于人民监督;二是防止浪费公帑,纠正财务收支偏差;三是作为以后预算编制的依据与参考。

在我国,有关预算执行的外部监督——对于决算的审计权是由国务院审计署行使的,①公共预算执行后必须经审计机关审计。决算经审计机关审计后,提出决算审计报告,并经立法机关审议,②所以决算具有事后监督的性质。

二、决算审议权应由立法机关行使

在德国,预算执行的监督包含了行政监督与议会监督两种。议会监督是由审计委员会——德意志联邦下议院的预算委员会的一个下级委员会——进行审查,这一议会监督的结果作为预算委员会提出给联邦下议院大会的建议决议,联邦公共预算责任的免除是由立法机关来决定的,即由联邦下议院与联邦上议院讨论并且以表决来决定。当然,这个表决并不是立法行为而仅仅是一个简单的议会决议。

---

① 参见《审计法》第 2 条、第 4 条。
② 参见《宪法》第 62 条。

英美将审计制度纳入立法机关,所以英国议会有"库管审计长"(Comptroller of Audit Department)、美国议会有"会计总局"(General Accounting Office,GAO)。不同的是,法国审计制度独立于行政、立法之外,设有"会计检查院",性质与司法机关一般,办理事后审计,审查报告须向议会提出。

从某种意义上说,我国立法机关的决算审议权是一种形式上的职权,属于一种被"告知"权,只在于听取有关财务信息的报告而已。从宪法、预算法、审计法的规定看,审计权属于行政机关,立法机关没有审计权,以至于立法机关审议审计署的预算审计报告,仅仅是一个法定程序,立法机关对决算没有办法制约。如果在审议过程中发现违法或不当行为,立法机关并不能改变预算执行的结果。同时,因为职司预算审计之责的审计署仅负责提出决算,而无须直接向立法机关负责,这种间接的制度设计也使立法机关有无从监督之虞,所以决算制度在我国不够完善,有失去预算过程民主监督的可能。

因此,为了强化立法机关监督预算执行的职能,宜将目前由国务院下属的审计署所行使的审计权,通过修宪方式改为立法机关行使,在立法机关内设立审计署,以改变立法机关空有民意基础却缺乏有效制衡工具的窘境。

第五章 预算审议的界限

代议机关行使预算议决权的目的和基本作用是监督政府,防止其滥用权力恣意编列预算。但如果代议机关对预算予以否决或久拖不决,在内阁制国家如同投下不信任票,会引发倒阁或解散议会的危机,即便在总统制国家也会造成政治僵局。例如,1995年美国共和党控制的第104届议会与民主党人克林顿总统围绕1996年预算展开大战,政府一度停摆。① 因此,立法部门的预算权力不能恣意行使,也应当受到限制,行政部门也负有制约立法部门的责任,以避免造成国家财政上、人民税赋上的沉重负担。这就提出了预算审议权的法律界限问题。以下我们从实务和宪政理论出发,对预算审议的"界限"——"权限"和"期限"加以分析。

第一节 立法机关的预算审议权限

民主国家的立法机关拥有预算审议权,这很少被人质疑,但对于预算审议权的范围,却常有不同主张。对于立法机关的预算修正权,既有主张立法机关拥有独立的预算修正权(积极修正权),也

---

① 参见蒋劲松:《1995年美国预算大战》,载《美国研究》1996年第4期。

有主张立法机关修正增加支出预算,应经行政部门同意(有限度的修正权),还有主张立法机关仅有支出预算删减权,而没有增额修正权(消极修正权)三种认识。

一、预算科目调整权

立法机关是否可以在预算总额不变的前提下对预算科目进行调整?对此行政部门一向采取否定的立场。理由有如下几点:第一,如果承认立法机关有调整预算科目的权力,无疑将使得议会议员具有某种程度的积极主动地位。但一般认为议会议员仅具有被动审查的传统功能,承认议会有调整预算科目的权力显然不符合这个一般理解。第二,比较法律案和预算案中立法机关的职能,二者是不尽相同的。法律案的提案权并不是行政机关的专利,其余机关加上议员(在我国为人大代表)都有提案权。[①] 议员既然具有自行提案的权力,当然可以在审查时就条文有所增删。但按照宪法规定,预算案只有行政机关可以提案,[②]原因是预算的编制必须具备全盘宏观的视野、完整充分的财政信息以及与施政计划紧密结合等特点,所以绝对不能由其他机关"大显神通",或因一时兴起而"即席发挥"。因此,即使是最强调权力分立的美国,也是由总统统筹联邦政府各机关(包括立法、司法机关)的预算后再向议会提出,这完全不同于法律案的提案程序。提案既然有所不同,审议时也应当设定审议的不同范围——限制不得有增加支出的提议就包括在内。由此可知,单就预算的审议而言,立法机关所能扮演的角

---

① 参见我国《立法法》第13条、第25条。
② 参见我国《预算法》第14条。

色并不是全能的——它只能发挥消极把关的作用,不宜在积极的心态下擅作主张,甚至自以为是。①

本书认为,有关一律不准立法机关就预算案科目间的数额进行调整的态度是保守的,这种观点实质上将立法机关视为直接批准行政机关预算方案的"橡皮图章",无法体现立法机关为人民看管钱袋的传统职责。所以,立法机关应有适度的预算科目调整权,针对类、款、项、目,只要不损及"预算同一性"、不影响预算总额的前提下,为了实现财政民主原则、贯彻立法机关与行政机关相互间权力制衡原则,应当许可立法机关进行调整。考虑到现代预算制度所产生的功能,以及立法机关所具有的民主正当性和应当修正"行政(权)肥大"现象等理由,有必要赋予立法机关在决定国家预算计划中扮演更积极的角色,所以应该承认立法机关有适度的预算科目调整权。

二、预算减额修正权

从预算制度发展史看,删减预算是议会预算审议权最原始的功能。但时至今日预算的编列已不仅仅表现出国王的财政需求,而是具有为民谋利的积极意义。议会将预算案中所编列的预算额予以删除、删减反而不是人民的福音,所以有必要予以限制。

立法机关审议预算时,行政官员与代议士或代议士之间,因预算删减额度高低意见相左,进而爆发唇枪舌剑甚至大打出手者屡见不鲜。从机关预算被删减的角度看,立法机关删减预算的形态

---

① 参见法治斌:《立法机关审查预算案时的宪法界限》,载《法律评论》1996年第1、2、3期合刊。

大致可分为四类：第一，将宪政机关预算全部删除；第二，将法定机关预算全部删除；第三，将宪法或其他法律规定的正式机关的预算大幅删减；第四，将不属于宪法或法律所规定机关的预算全部删除。无论是从保障人民权利或由权力分立的观点看，很有必要保障宪法机关的存续或维持法定机关最基本的、完成国家任务的经费，因此有必要限制立法部门滥用预算删减权。

立法机关在预算审议时最常使用的武器就是删减预算，其中最极端的审议行为是将机关预算全数删除，以及大幅缩减预算，致使机关活动难以开展。从立法机关监督、抑制政府财政支出的精神并基于"财政民主主义"原则出发，似乎对于立法机关对预算所作的删减决定应给予法律上的支持。然而，如果将宪法机关或法定机关的预算全部删减，或虽没有全部删除但已造成机关基本运转或执行法定任务严重困难的大幅删除，将造成实质改变宪法或撤销法定机关的效果，这会产生严重的宪政问题，所以这样的减额修正应予限制。也就是说，有关宪法或法定机关的基本运转费用、行使法定职权所需的岁出预算不能删除，否则将造成破坏宪法或行政机关没有经费"行政"的困境。

如果立法部门滥用预算删减权，将如何救济？司法部门此时可以扮演制衡的角色。预算决议属于广义的立法权，立法机关通过的预算案应具有法律的性质。① 既然是法律，就可以通过案件的方式来对此一问题进行司法裁决。从世界范围内而言，各主要国

---

① 关于预算的法律性质，请参阅本书第四章第一节。

家的法院一般对法律都有违宪审查权,预算决议自然也不应例外。① 只是由于这种预算立法权的行使是行政权和立法权共同对国家政策的决定,比法律更具有公共政策决定的效应,属于广义的立法政策裁量,除宪法所设的界限外司法权不予审查。所谓"宪法所设的界限"有两种类型:第一,宪法的明文规定;第二,从宪法条文整理得出的结论,如宪法建置机关要执行国家任务,自然应当认为立法机关有"义务"审议批准一定的预算保障政务得以实施。

在德国,联邦宪法法院对预算的审查属于抽象的法规审查。而在我国台湾地区,依据"'司法院'大法官审理案件法"第4条第1款第2项的规定,大法官可以解释法律与宪法是否抵触;同法第5条第1款第1项则规定,"中央"或地方机关在行使职权、适用宪法发生疑义或适用法律、命令发生有抵触宪法的疑义时也可以申请解释。这种机关争议不只是适用于"职权有无"上的争议,还包括因预算决议所造成的职权消长情况。如果立法机关议决删除其他宪法机关的预算,而预算具有法律的效力,"司法院"大法官可审查其是否违反宪法所设定的界限;如果因为删减结果使得该机关运作陷于困境,从权力分立的观点出发,应当允许其提起机关争议的诉讼。

三、预算增额修正权

一些国家对于立法机关的预算支出采取了严格的立法限制。议会制度之母的英国当初创建议会的目的主要就在于控制国王

---

① 我国不存在宪法意义上的司法审查,但有行政诉讼意义上的司法审查。司法审查在国际上是一个比较成熟、很少有争议的制度,相信我国不久的将来也会有适合国情的司法审查制度。

的财政权力,而随着虚位元首和责任内阁制度的建立,由行政机关主导法律案的提出(预算案的编制和提出也转由内阁负责),而议会仅保留了最后的审议权。同时,议会仅能作删减预算的提议,禁止议会有增加收入的提议权力,其依据是1713年"除非国王的推荐,议会不得接受任何有关公共服务支出与收入的请求"的规定。[①]

以美国为代表的国家对于议会的预算支出权没有法律上的限制。美国议会主导预算权的功能虽然因为制度改革而相对萎缩,但对预算案作增减仍被视为议员的当然权力,不能附加其他限制,[②]所以美国议员的预算审议权较宽、较强。美国联邦与各州立法中经常出现的"猪肉桶立法"现象就是议员们经常在预算案中增加若干公共福利条款来讨好选民,以作为交换预算同意的条件。

而德国、日本则采取了折中模式。《德国基本法》并没有对议会提高预算案中的支出予以明文禁止,但在第113条第1款灵活规定:"众议院如果通过预算增加支出或是新增项目,以及通过会减少国家收入的法律,应获得联邦政府的同意。联邦政府应于六周内答复";同条第2款规定:"众议院通过上述法律四周内,联邦政府可以请求议会变更之",这项限制被称为议会高权行使的界限,而限制的目的无非是在防止议会"监守自盗"。日本则规定议会在审议预算案时,参众两院都可以提出修正动议,按照1995年《议会

---

① 参见彭女玲:《强化"立法院"预算审议功能之研究》,中兴大学公共行政及政策研究所1993年硕士学位论文,第34页以下。
② 参见法治斌:《立法机关审查预算案时的宪法界限》,载《法律评论》1996年第1、2、3期合刊。

法》第57条第2款的规定:"以预算为议题提出修正动议时,须众议院五十人以上,或参议院二十人的赞成者提出",满足了这一要件,就可以提出预算案的修正动议,包括提议增加预算。同样的"协商条款"也见诸日本《议会法》第57条,该条规定:"各议会或委员会对于预算的增额或修正,应予内阁申诉意见的机会"。可见,日本议会拥有预算提案与增加预算的决定权。

我国宪法没有明文限制人大不得在审议国务院所提出的预算案时增加支出的提议。因此,对于人大审议国务院提出的预算案时能否增加支出有否定与肯定两种意见。

(一) 否定说

否定说认为立法机关对于预算案不仅没有提案权,而且对于行政机关所提的预算案不能有增加支出的提议,这主要是为了防止公共预算膨胀增加人民的负担,同时也能避免人大代表动辄提议增加支出。因为各国议会制度起源的主要目的,就在于由人民选举代议士组织议会,以监督国家的税收有没有浮滥开支等弊端。所以,各国也都将议决预算之权赋予议会,同时也限制议会不得有增加支出的提议,以贯彻监督政府财政的主旨。

此外,预算的编制一般由行政机关衡量全体人民的经济负担能力,并根据施政理念和施政计划的需要,在严谨而完善的作业制度下,投入大量人力物力方能完成。人大代表并不是执政者,对整体施政结果无须负责。另外,立法机关依其组织特性,必须采取合议制的方式运作,每一位代议士可以独立表达其个人意志,所以他们对预算的考虑大多是其个人或选区的政治利益。同时,立法机关终究无法像行政机关那样拥有庞大的专业群体,[①]它的审议程序也不如行政机关编制作业程序周密。

综括否定说的主要依据,大致包括如下几点:第一,宪法规定预算权分为提案权与议决权,应该由行政机关提出预算案,由立法机关议决;第二,由代表人民的立法机关议决预算,其主要目的是谋求政府合理用度、避免浪费,其功能目的主要是监督政府财政;第三,预算实质上是行政行为的一种,虽基于民主宪政原理而须经立法机关审议通过而具有法律的形式,但与通常意义上的法律是有区别的。我国台湾地区宪政学者萨孟武、刘庆瑞的见解与此相似,也都认为"议会代表人民审议预算的目的在于节省防弊""避免特定议员独厚其选区"等。[②]

从上述分析可以得出否定说的结论是:因为近代议会政治的运作,期待议会代表人民并基于民主主义与自由主义的原理保障人民的财产自由,所以站在监督政府财政、节省经费支出、减少人民负担的立场,仅允许议会删减预算而不能有增加预算的提议是理所当然的。

(二) 肯定说

有学者主张立法机关应有增加预算的提议权,理由如下:

第一,立法机关可以通过法律的方式来增加支出,不必更动预算案,因此否定议会没有增加预算数额的限制没有实际意义。

第二,与议会代表民意的宗旨不符。限制议会增加预算的规

[①] 现行世界各主要国家议会中仅美国设有议会预算局(Congressional Budget Office,CBO),专门负责为议员提供有关预算分析数据和审议的建议意见,其他国家立法机关没有预算辅助单位的设置。

[②] 参见萨孟武:《中国宪法新论》,台湾三民书局1990年版,第353页。

定完全背离了立法机关作为议会应享有的"预算高权"原则。①

第三,从福利国家原则平等权而论,议会对于预算应该享有积极的审议权限,而不仅仅只限于消极性地对行政机关的预算权行使"删减权"。现代福利国家原则要求及赋予行政机关行政权更多的财源支出。基于宪法平等原则,立法机关发现预算案所列支的社会给付违反此原则的,纠正行政权在未来会计年度的施政行为是宪法课予立法者的义务,所以立法机关提议增加的那部分预算并不违宪。

第四,单以防止增加人民的财力负担为由缺乏说服力。立法者对人民的权利义务加以"侵犯"的手段很多,如加重刑事或行政责任、减少福利支出和提高租税等,为何偏偏要特别运用增加预算支出而引起的"增税"方式呢?

因此,肯定说认为,限制议会可以增加预算的用意显然忽视了现代福利国家议会本应有的监督政府施政是否周全,从而要求增加预算的必要性;加上现代法治国家中,宪法基本权利的规定对立法者有拘束力、立法者有宪法义务来履行各种宪法委托,因而不应完全否认议会通过增加预算方式来履行这一宪法义务,所以今后应朝着为议会的预算审议权"松绑"而努力。

(三)应当赋予立法机关增加预算的权力

对照其他国家,美国议会没有任何限制,德国、日本则是有条件的限制,相较之下我国最严。这么严格地限制立法机关仅仅是

---

① 所谓"预算高权"(Haushaltshoheit)是指议会做人民主权的代表,除了议决法律外也可以对国家财政政策享有形成权力,其中对于预算案的内容也可以增删以及对如何执行预算施加影响。预算高权并不妨碍议会没有主动权(Initialrecht),预算案必须由行政权提出,议会仅有审议权。

作为控制行政浮滥编制预算"看门狗"的古典思想,在现代预算的功能与制度已有了长足进步,强化立法机关参与国家重要政策决定权(也包括国家财政权决策权)的情况下已经不合时宜了。赋予立法机关增加预算的权力的主要理由是:

1. 预算的法律性质决定了立法机关有增加预算的权力

关于立法机关预算审议的增额修正问题,本书认为预算案有其特殊性而与法律案不同,所以审议预算的方式不能比照审议法律案的方式,可以对各机关所编列预算的数额在款、项、目、节间移动增减并追加或削减原预算的项目。这主要是因为:

第一,法律案无论行政机关或立法机关都有提案权,而预算案只能由行政机关提出;

第二,预算案因为关系到政府整体年度的收支,必须在一定期间内完成立法程序,所以提案和审议都有时限,而法律案则不是;

第三,预算案、法律案二者规定的内容、拘束的对象和时效完全不同。①

我国的预算审议形式与日本相似,并不是像英、美、德三国那样以法律案的形式出现,②而是直接以预算案的形式提出。我国与日本在审议预算的程序上与法律案的议决程序差别不大。单就预算审议的增额修正权而言,我国预算的核心问题是——预算是否仅仅是行政内部行为,从而立法机关的参与应该受到限制?通过本书第四章第一节的论述,我们知道答案当然是否定的。

既然认为审议程序与法律相同,预算仅仅是"形式"意义的法

---

① 关于预算与法律的区别详见本书第四章第一节。
② 《德国基本法》第110条规定,德国的预算案以"法律案"的形式提出于议会,所以被称为"预算法律"。

律,那么除非有"形式意义的法律不得逐条逐句地增删修改"的前提,否则不能推导出对于预算的审议不能像审议法律案一样,对预算案的数额在款、项、目、节间移动增减或追加、削减原预算的项目。但是,"形式意义的法律不得逐条逐句地增删修改"的前提限制并不存在。事实上,即使是采取预算法形式说,日本学说仍承认在不伤害原预算案同一性的前提下,可以进行增额的修正。

综观各国的法律实践,预算在现代民主国家中具有权力性与公共性,以及对于基本权利的实现具有决定性的影响力,所以预算并不能只作为行政内部行为而被等闲视之。在我国,中央政府总预算案的审议权由全国人大单独行使,全国人大有议决预算案的权力,这是全国人大的财政监督权。但这个财政监督权的范围与其他国家比较显然小了很多,严格讲只能算是"预算删减权",而没有"预算提案权""预算增加权",甚至连"预算的决算权"都残缺不全。特别是我国目前财政法律体制未臻完善,对于一部分财政收入和大部分财政支出的法律授权规范还很不足,能对一部分财政收入和大部分财政支出进行立法机关控制的,仅仅依靠预算的审议而已。所以,如果将预算视为行政行为的一种,那么国家财政的运营将成为不受民主控制的"世外桃源",人民在国家财政上的地位将退化为财政作用的客体。完全剥夺立法机关的增加预算支出提议权的规定有必要加以改革,至于改革的方向,则应赋予立法机关有增加支出的提议权,同时为了保障行政机关的权责一致,可以借鉴德、日等国的"协商机制""限时表态"等制度。

2. 财政民主主义提供了立法机关增加预算的理论基础

现代立宪主义以人民主权取代君主主权和国家主权后,人民主权原理便成为普世的共同价值。人民主权原理强调人民具有决定国家意志的最终权力,因此必须实行民主主义并实施民主政治。这一原理用在财政制度的管理与监督上,即"财政民主主义"。

认同"财政民主主义"理念,首先必须扬弃传统公法学认为的财政的支出与公有财产的营运属于单纯行政作用,人民及其代表都不能闻问的观点,而应坚持执行预算的机关(主要是行政机关)不得任意自行决定财政支出与运营。同时为了避免偏离人民主权原理,必须采用"民主"的理念,由人民直接或由其代表所组成的立法机关参与对于财政的决策,甚至有完整的决定权,但鉴于民主制度至今仍以间接民主为常态,所以财政民主主义又常被称为"财政议会主义"。

因此,基于"财政民主主义"理念,同时由于财政作用在现代国家中无法忽视的权力性与公共性,财政作用中的收入、支出、管理与营运等作用,都有必要接受议会相当程度的监督与制约。"预算案实质上为行政行为的一种"的观点与财政民主主义的立场不符,理应确保立法机关在预算形成中的参与空间。因此,本书认为立法机关对于预算案内容可以进行一定程度的增删更动,是财政民主主义的应有之义。

3. 权力分立原则有利于确定预算编列与预算审议权的合理界限

权力分立原则,简单来说就是将国家权力区分为各种不同的功能,而由不同组织的国家机关各自行使,通过相互间的监督与制衡,避免权力过度集中造成滥权与专制,使国家的行为具有可控制性和可预测性,使得人民的基本权利得以确保。否定立法机关拥有一定限度增额修正权的理由之一,是认为立法机关的意见涉及施政计划内容的变动与调整,容易导致政策成败和责任无所归属,违反行政权与立法权分立、各司其职的制衡原理。事实上,立法机关对各机关所编列预算的数额进行削减,也同样可能造成变更施政计划的内容,从而造成"政策成败无所归属,责任难予厘清"的结果。通过对财政民主主义的讨论,本书认为立法机关对于预算案内容有增删更动之权,但我国宪法也明文规定将预算编制与提案权交予行政机关,所以我们从权力分立制衡的观点切入时要解决两个问题:第一,行政机关在预算决策上既然拥有编制和提案权,那么立法机关自然应拥有可资抗衡的审议权,这才符合权力分立原则;第二,对于行政机关对预算的原初判断应予尊重,所以审议预算时应有一定界限。也就是说,基于权力分立制衡原理,立法机关可以增删行政机关编列的预算,只不过要把握好修正的界限。

　　有学者认为,"预算同一性"原则是立法部门议决行为的界限。预算同一性原则,是指立法部门的预算决议权限必须在不过度变更行政部门所提预算案范围内行使。也就是说,立法机关议决的预算案与原行政部门提案须具有基本的"同一性"。例如,我国预算支出设有五级:类、款、项、目、节,其中"类"是最高级别的预算科目,科目越接近"类"调整幅度越大,因此,依据预算同一性原理,科目的修正应由"目""节"开始,逐步慎重行使,但最高不宜超出"项"级科目。① 因为立法部门议决后的预算案如果与原行政部门提案不具有基本的"同一性",将影响宪法将预算提案权分配给行政部门的实质意义。相对地,如果立法部门的预算审议决定没有损及"预算同一性"的话,基于财政民主主义理念,立法部门的意见

---

① 参见闫海:《预算民主:预算审批权为中心的构建》,载《重庆社会科学》2007年第4期。

也应受到保障与尊重。至于"同一性"的认定,则是以立法者所造成的变动是否会影响行政机关原先所要完成的政策目标(如法定行政任务的履行等)而进行的个案判断。

4. 从世界范围内而言,赞同增额预算修正权业已成为理论上的共识

有关立法机关是否应该拥有增额预算修正权,比较英、美、日预算制度,三国虽各有不同,但基本上均由立法机关行使增额预算修正权。

英国宪政惯例禁止议会进行任何的增额预算修止,原因是:政党内部运作高度民主,允许执政党的议会议员在编制预算程序中提出一定意见;议会对于行政权有高度的控制(如内阁人事同意权和主动倒阁权),所以内阁不敢忽视议会议员的意见;此外,议会虽然没有增额修正权力,但由于财政议案经多道议会审议关卡,各拨款法案与授权法案是紧密相连的,议会力量很强大。英国学者在研究议会财政控制权时,对于(预算增额修正)限制也认为没有正当理由,批评了这种仅仅只是英国传统上而不是逻辑上的必然,认为一定程度的增额修正权可以修正预算编制的不妥之处,并指出美、德、法三国都至少许可一定程度的议会增额修正权。所以反对全盘否定任何形式增额修正的不合时宜规定,而对于一定程度的议会增额修正权持赞成立场。[①]

日本虽为内阁制,但不像英国那样禁止议会有任何形态的增额预算修正权。原因是日本国家预算一经议会议决就进入分配预算等执行程序,而不像英国那样先就收支整体概算作决议,然后再

---

① See Paul Silk & Rhodri Walters, How Parliament Works, 2nd ed., 1998, p.169.

就统一拨款法案(the Consolidated Fund Acts)和各拨款法案(the Appropriation Acts)作反复审议。同时,如同司法违宪审查制度受美国影响一样,日本议会预算增额修正也受美国影响而没有禁止,只是采取了特别程序规范。①学说上也多持"对于预算的修改可以在不损害内阁预算提案权的范围内为之"的立场,或在"不伤害原预算案同一性"的前提下可以作增额修正。②

美国对于预算的编制与审议权起初都交予议会,后因机关功能的考虑而将编制权交予行政机关,所以承认议会有预算的增额修正权并对该增额修正权不加限制。但是,总统的否决权对于议会是一个重要制衡。

综上所述,有关立法机关对预算的增删改动是否存有界限以及界限在哪里等问题,不论是采取内阁制的日本还是采取总统制的美国,都允许议会审议预算时可以进行增额的修正。但也赋予行政机关一定程度制衡的力量,如较高的提案门坎以及给予行政机关表达意见的机会;或赋予总统否决权等。此外,虽然英国议会因传统的关系并没有任何增额修正权,但通过执政党内沟通机制和议会对内阁强大的人事控制权,议会的预算意见受到充分尊重。英国学者也认同有限的增额修正权。所以,对于议会预算审议时有受限制的增额修正权,几乎成为以上各国的共识,至于我国立法机关增额预算修正权限制的问题,可以从宪法的规定和立法、行政权力间的制衡上加以考虑设计。

---

① 日本《财政法》第19条规定议会对裁判所或会计检查院的岁出额加以修正时,需列明其必要的财源;《议会法》第52条第1款规定提出预算增额修正动议时,须众议员50人以上、参议员20人以上提案提交大会讨论,同时规定此时必须听取内阁的意见并列明所需经费的总数。

② 参见〔日〕芦部信喜:《宪法》,李鸿禧译,月旦出版社1995年版,第320—321页。

立法机关对于行政机关所提预算案不能有增加支出的用意是防止政府的浪费并减轻人民的负担,同时也可以避免"猪肉桶立法"的出现。但严格说来,限制立法机关的预算增额权无法阻止"猪肉桶行为"的存在。① 限制立法机关的预算增额权完全背离了立法机关作为议会应享有的"预算高权"的原则,而"预算高权"要求立法机关作为人民主权的代表,除议决法律外也对国家的财政政策享有形成权力,其中对于预算案的内容也可以进行增删。另外,虽然我国仅行政机关有预算提案权,立法机关没有提案权而仅有审议权,但这与"预算高权"的概念并不抵触,行政机关预算提案权的专属性纯属功能性配置,与立法机关预算审议权的范围并没有绝对的关联。

四、立法机关应享有积极的预算审议权

就现代福利国家的原理而言,立法机关应有积极的预算审议权限,而不是只限于消极地对行政机关的预算行使"删减权"。也就是说,当立法机关发现预算案所列的社会给付违反福利国家原则,用主动增加预算的方式纠正行政权在未来会计年度的施政行为,这是宪法课予立法者的义务。对于当代中国而言,行政权独大是明显的事实,并且控制预算赤字的相关法制又不健全,这样,赋予立法机关增加预算的权力,并通过审议民主理论的理性交往,反而能在增加公益目的支出的同时,删减不必要的支出,如此一来人

---

① 本书认为"猪肉桶立法"和"猪肉桶行为"是不同的概念,前者基本上是个中性名词,是议员在预算案后附加条款以增加预算支出的立法方式;而后者则注重图利特定地区、特定人群以换取选票的私利行为,是一种动机的表示。同时,"猪肉桶行为"的行为者不限于议员,甚至行政部门也有可能有"猪肉桶行为"。

民负担不但会减少,还能满足人民真正的需要。

那种认为预算案只有配合行政权施政计划的功能,立法机关只是扮演刹车者的角色而不担任国家政策方向指导者任务的认识,本书不敢苟同。禁止立法机关有增加预算权力的规定不但无法达到看紧荷包的目的,反而会挫伤立法机关作为政府政策监督者的精神,而有害于公民将权力付托于议会的本意。治标又治本的方法是要在经过审议式民主之下,还原立法机关的基本自主权限——预算增额权后,使立法机关在预算议题上不受行政机关的支配,自由地增删预算。同时完善配套法律制度,包括控制预算赤字的立法、立法机关行政机关协商沟通机制等。如果立法机关仅是议决要求行政机关增列预算,而不是在审议预算案时主动增加支出的决议,那么是否增列由行政机关自行决定。

第二节 对立法机关积极预算审议权的制约

由于"代议民主政治的本质",立法机关似乎不可避免地会因为利益团体的影响,每年将大把的钞票花在"猪肉桶立法"上面。时任美国总统克林顿和议会的预算之争,世人记忆犹新。1995年11月13日,美国总统克林顿否决了一项议会为使联邦政府度过预算青黄不接而通过的法案。12月19日,克林顿又否决了议会两项支出法案,使得美国府会预算之争再起,造成26万联邦员工连续四天被迫休假。

美国总统否决权的行使,有宪政原理的依据吗?民主理论上的逻辑又是什么?否决权在今天被使用在许多方面,如行政权对立法机关的否决权,法院对行政和立法机关的违法行为可以判决宣告无效,美国参议院对条约和政治任命官员可加以否决等,但本书主要探讨的是行政机关对立法机关的否决权。

一、美国总统否决权的意涵

"否决权"的观念很早就存在于西方,而且是用于对法案的拒绝,目的是用来保护一般公民的利益。

美国原是英国的殖民地,殖民地的总督是由英王任命的,所有的总督对殖民地的立法都拥有绝对的否决权。英王对殖民地的法律当然有绝对否决权,由于否决权被认为是保护英国利益的重要工具,所以英王使用得也很频繁。鉴于这种被殖民的经验,脱离英国控制后的美国人民对否决权最初的反应是,不要让行政部门拥有否决权。当时,只有纽约州赋予行政机关否决权。纽约州这样做,主要是有感于其他州因为行政权太弱带来许多负面影响。

美国人对于行政权的畏惧和排斥不仅见于各州的宪法中,也见于《邦联条例》中。《邦联条例》不但没有有关行政权的条文,而且规定任何邦联议会通过的重要法案,都需要当时13个州中的9个州同意,有关《邦联条例》的修正则需要13个州一致同意。因此,常常是一个州或5个州就可以"否决"重要的议案。这样做的结果,常常导致政治的僵局,因此许多人开始思考是否需要改变这样的制度。在美国宪法制定的过程中,赞成赋予总统否决权的人认为,拥有否决权可以使总统维持独立性并更有力量,使政务推动更容易。反对的人则认为,总统不一定比议会议员更有智慧,同时最高的主权不应在总统手上,而应在议会手中;总统一个人的声音不应超过议会两院的决定;总统在立法过程中已经扮演了重要角色,因此也不需要否决权。美国制宪会议中,开国元勋们不断讨论有关否决权的问题，最后一个核心的观念开始浮出，那就是：否决权的设计目的是行政权为了防止立法权侵犯的自我保护。可以说，美国政府的基本理念是建构在行政权"不要太强，但又要够强"的思想基础之上。

至于总统的否决权，究竟应该是"绝对否决权"还是"有限制的否决权"，制宪元勋们进行了热烈的讨论。起初威尔逊和汉密尔顿都赞成赋予总统"绝对否决权"，即总统可以否决议会通过的任何法案而不受任何限制。但是，出席费城会议的其他代表否决了这项提议。总统最后得到的是"有限制的否决权"，即议会两院都以2/3多数通过的法案，总统必须接受，亦即议会的多数可以反否决总统的"否决权"。这里的2/3多数，主要是指法定出席人数的2/3。不过，议会的实际做法是，要求出席而且投票人数的2/3才能反否决总统的否决权。在分析美国开国元勋们是如何考虑否决权时，需要注意：

（1）对否决权持一种模糊的态度。对于总统享有的这种重要权力，汉密尔顿用了寥寥数语加以叙述；"总统的有条件的否决权大别于英国君主的绝对否定权"[①]。

（2）事实上，在开国时期，总统的否决权被认为是"立法权"。美国《宪法》第1条是有关立法权的规定，而否决权正被置于第1条中。

（3）开国元勋们的观念中对否决权可以适用的环境，以及否决权本身的权力要比实际的认识来得"大"。也就是说，总统可以否

---

① 〔美〕汉密尔顿等：《联邦党人文集》，程逢如等译，商务印书馆1980年版，第350—351页。

决议会通过的任何法案,而且行使否决权的次数也没有限制。此外,否决权不仅仅是消极的否定、拒绝,总统在否决法案时必须说明反对理由。①

早期的否决权被视为是负面的,是总统在迫不得已时所使用的最后手段。因此,早期的总统很少使用否决权。不过,自南北战争后,否决权的使用开始有增加的趋势;到了克里夫兰总统时,否决权的使用到了一个高峰,共行使 414 次;而到了小罗斯福总统时期,否决权的使用更是达到巅峰,共行使了 635 次。从否决权使用的增加,可以看出近代的总统已逐渐把否决权视为其影响立法的、一个正面的积极手段。同时,否决权被视为是立法权,总统在立法过程中的作用,不是在扮演行政部门的角色,而是在扮演议会第三院的角色。

否决权是总统制衡议会的一个重要武器,也是总统代表人民控制议会的一个重要工具。从某种意义上而言,总统代表的是全国的利益,议会代表的则是选区的、地方的利益,否决权的存在有助于全国的利益和地区性的利益间取得平衡。

虽然是总统制,但美国是一个典型的"立法治理"②国家,任何政策都必须经过议会,并以法律的形式出现。所以,美国总统制最大的问题不在行政领域,而在立法领域。在立法过程中,行政立法的僵持,不仅存在于少数党政府,也存在于多数党政府。小罗斯福总统虽然面临的是同党(民主党)控制的议会,但其行使否决权的次数却是史上最多的。在美国的制度中,否决权是用来解决行

---

① 参见葛永光:《总统否决权与复议制度之研究——美、法、中之经验》,载《国政研究报告》2000 年 12 月 20 日,财团法人国家政策研究基金会印行。
② "立法治理"(governing by legislating)这种说法,将现在民主政体已确定的"在法律的方式下治理"这项原则提到显著的地位,也就是政策的决定必须以法律形式的命令表达出来。这也意味着,没有立法即不可能治理。因此,议会的支持是治理必不可少的条件。

政——立法僵持的一项重要武器。否决权是立法权,或者更精确地说,是总统的"立法治理权"(legislative-governing power),即总统通过"否决权"来加强他在立法(预算)过程中的地位。

二、美国总统预算单项否决权的形成背景

美国总统所拥有的单项否决权,在预算事务上,是允许总统可以仅减少或取消拨款法案中的任一支出项目而不必否决整部法案。之所以形成这种权力,是因为总统与议会对于预算利益分配的立场是不同的,而且总统所提的预算对议会来说是属于建议性质,并没有拘束力,于是议会议员对这些预算可加以削减或增加经费。总统如果接受这样的拨款法案,便需要完全更改他原先所要决定的政策与计划;但如果将拨款法案否决,往往此时已届新的会计年度,用款部门又急需用款,所以总统非到万不得已不会贸然否决整个预算法案。因此,总统对议会通过的拨款法案是该签署还是该否决,往往处于两难当中不易抉择。最后总统多半是在不情愿的情况下予以接受,这实质上更改了自己原先的政策和施政计划。如果没有单项否决权,拨款法案便成为议会钳制总统的工具。虽然宪法上总统对于议会所增加的预算项目拥有将法案退还议会进行复议的否决权,但是总统多半不愿如此,所以每一任总统都积极争取赋予总统单项否决权的法律能够通过。

例如,艾森豪威尔总统在1960年的预算咨文中曾催促议会通过法律,赋予美国总统单项否决权,使总统能对拨款法案中某些拨款项目的拨款额或某些项目本身行使否决权。他指出,美国有许多州的州长也都具有单项否决权,议会也曾承认这些州长们行使单项否决权的价值。允许总统行使单项否决权后,宪法上议会撤

销总统否决权的权力并没有改变:总统行使单项否决权时,议会仍可以以议会议员 2/3 多数同意撤销总统的单项否决权,使法案成为法律。但艾森豪威尔总统并没有说服议会。在思考解决降低预算赤字的各种方案之际,1984 年里根总统也要求议会授予总统单项否决权以有效控制支出、减少"猪肉桶立法"的现象,抑制无谓的浪费,增进政府效率。

三、美国 1996 年单项否决法案

为了能有效减轻预算赤字负担,强化总统在预算程序上的控制权限,经过行政部门不懈的努力,单项否决法案终于在 1996 年通过,1997 年 1 月正式生效。总统也终于获得了预算单项否决(取消)的权力。

单项否决法案的主要目的之一是"控制预算赤字"和"防止猪肉桶立法",其行使范围被限制在预算领域;单项否决法案的另外一个主要目的在于,使总统摆脱在不执行个别预算时必须征得议会同意的负担。总统取消个别预算的决定送到议会后立即生效,除非议会在五天内通过反对法案,而一旦出现了这种情况,总统还可以针对议会的反对决议行使否决权,那么议会两院都必须以 2/3 多数决才能推翻总统的否决。就法案内容而言,议会授权总统可以行使个别预算取消权的要件、[①]标的和事后制衡机制如下:

[①] 在此有必要厘清字面用语的含义,单项否决法案内容的用语是"避免发生法律效力和效果"(prevent from having legal force and effect)和"取消"(cancel),而不是法律名称所称的(单项)否决(item veto)个别预算。事实上,关于用语的争论的确引发了最高法院的内部冲突,多数意见认为这两者在理论和结果上没有什么不同,但安东宁·斯卡利亚(Antonin Scalia)和布雷耶两位法官在这一点上则持不同意见。为了配合法条内容和法院意见的用语,本书大多时候仍使用"取消"一词。

1. 实体要件。总统必须参考立法史、立法目的和该项目的相关信息,[①]只有在符合:(1)能够降低联邦赤字预算;(2)不致损害重要政府功能;(3)不会损害国家利益等条件时才能行使取消权。[②]

2. 程序要件。单项否决法案要求总统必须在预算通过、成为法律后5日内(不含周日)对议会发出取消该单项预算的特别通知。[③]

3. 行使对象。单项否决法案授权总统可以"取消"三种已经被签署成为法律的规定:(1)属于可裁量性预算授权的金额(discretionary budget authority);(2)任何新的直接支出项目(any item of new direct spending);(3)任何有限的税捐优惠(any limited tax benefit)。[④]

4. 议会的制衡。议会收到来自白宫的特别通知后,总统的取消权即产生效力,[⑤]然而议会仍有制衡总统决定的武器,那就是议会两院以简单多数提出"反对法案"(disapproval bill),而总统不能"取消"这个不赞同法案。[⑥]但总统可以依照《宪法》第1条第7款规定的复议程序,要么签署该不赞同法案,使被"取消"的单项(预算)再度恢复效力(reinstate),要么否决该不赞同法案并将之退回议会。一旦议会反否决(reconsideration)成功,该单项(预算)恢复效力;或者在议会反否决失败时,该单项(预算)确定被"取消"。也

---

① See 2 U.S.C. § 691(b).
② See 2 U.S.C. § 691(a)(A).
③ See 2 U.S.C. § 691(a)(B).
④ See 2 U.S.C. § 691(a).
⑤ See 2 U.S.C. § 691(b)(a).
⑥ See 2 U.S.C. § 691(c).

就是说,在总统行使单项否决(取消)权之后,议会想要推翻总统的决定,必须以该单项(预算)所提的不赞成法案为对象,再次启动《宪法》第1条第7款的立法程序机制。例如,时任美国总统小布什批评"水资源开发法案"多达230亿美元的经费过于浪费,于2007年10月否决了该法案,众议院随即于2007年11月7日以361票对54票推翻了这一否决。

简单地说,除了议会两院各以普通多数决通过"反对法案"明确表示反对外,总统的"取消"决定在其送达议会后就产生效力。

四、美国单项否决法案是否违宪的争论

单项否决法案制定后不久,就开始在法院接受合宪性审查。第一次是在1997年由六名议会议员提出的 Raines v. Byrd 案①,第二次则是 Clinton v. City of New York 案②。

(一) Raines v. Byrd 案

1996年5月27日,六名在单项否决法案制定过程中投下反对票的议会议员向哥伦比亚特区地区法院提出告诉,控告美国财政部长和美国预算管理局主任,这六名议员主张单项否决法案违宪。哥伦比亚特区地区法院在承认原告具有当事人资格之后认为,单项否决法案不但违反《宪法》第1条第7款第2项所规定的呈送条款(presentment clause),也超越了议会所能授权的范围。③ 但是,案件上诉到最高法院后,由首席大法官伦奎斯特所主笔的多数意见则以当事人不适格为由将之驳回。

---

① See 521 U.S. 811(1997).
② See 524 U.S. 417(1998).
③ See 956 F. Supp 25(1996).

(二) Clinton v. City of New York 案

Raines v. Byrd 案判决两个月后,时任美国总统克林顿根据单项否决法案取消了 1997 年《预算平衡法》(Balanced Budget Act of 1997)中的一条(§4722(c))、1997 年《纳税人救助法》(Taxpayer Relief Act of 1997)中的两条条文(§968),前者使纽约市原本因该法案而免除的 26 亿美元债务重新恢复,后者使马铃薯种植者(Snake River Potato Growers)丧失原来所享有的税赋减免,因此纽约市和马铃薯种植者向哥伦比亚特区地区法院提起诉讼。①

地区法院主要从两方面来论述单项否决法案不符合法律制定和修改程序:第一,总统行使单项否决权后的法律内容与议会两院当初所通过的内容不同;第二,总统"片面取消经合法程序通过的法律条款"违反了《宪法》第 1 条的规定。此外,地区法院也指出单项否决法案破坏了政府部门之间的权力平衡。之后案件上诉到联邦最高法院。

联邦最高法院史蒂文斯大法官主笔的多数意见首先肯定了原告当事人适格,之后以单项否决法案违反呈送条款为由宣告违宪。② 最高法院多数意见表示单项否决法案是违反宪法的,因为它使总统在议会通过的法律问题上具有太多权力。本案不讨论权力分立原则,也不触及单项否决法在政策上是否明智问题。③

但是,大法官布雷耶对此案有不同意见,本书赞同他对此案的不同见解:

---

① See 985 F. Supp. 168(D. D. C. 1998).
② 史蒂文斯(Stevens)大法官的论述主要是针对《宪法》第 1 条第 7 款有关立法程序的规定。
③ 史蒂文斯(Stevens)大法官的意见,参见 524 U. S. 417, at 428—436。

首先,援引单项否决法案而取消《预算平衡法》中的某一单项时,总统其实是在"执行"议会所赋予他的权力,而这项权力规定在一项经过宪法所规定的、排他性立法程序而制定出来的法律(单项否决法案)当中。

其次,总统行使单项否决权并不违反权力分立原则,理由有三:(1)总统的取消行为是在"执行"单项否决法案的规定,因此属于行政权范畴。(2)议会赋予总统的单项否决权并不会侵害到议会固有的预算权限。布雷耶法官指出,只要议会能在未来的拨款法案中排除单项否决法案的适用,就不能说"侵害"立法权;议会还有反对决议的权力;当初起草、制定单项否决法案的是议会,因此议会同样有权划定总统行使否决权的外部界限;而且单项否决法案所涉及的问题是预算支出,而议会向来都承认总统在考虑财政支出问题上拥有广泛的裁量权限。(3)议会授权必须适用"清楚原则"(intelligible principle)。布雷耶法官认为单项否决法案由于有实体(限于预算领域)、目的(降低预算赤字)和程序(五日内对议会的特别通知)等限制,因此符合"清楚原则"的要求。

单项否决权的赋予,不但可以充分抵消赋予立法机关预算增额权将导致权力不平衡的疑虑,而且对于采取项目审而不是总额审的预算审查来说比较适合。此外,行政单项否决权还可以控制预算赤字,防止"肉桶行为"。本书认为应赋予立法机关预算增额权,作为对应措施,可以考虑引进美国的总统单项否决权并将此权力交予国务院总理,以制衡立法机关的预算增额权。当然,针对我国国情应作适当修正。

第三节 立法机关预算审议的期限

预算案对行政部门而言是下年度施政计划和经费支出的总体表现,重要性如同法律案,但预算案审查时间的迫切性还要高于法律案。政府的所有预算是在明示一定时期内的施政方针,以及维持政务所需的财政计划。预算案通过,那么一切方案才可以按照计划顺序进行;反之,如果预算案无法在有效期间内通过,那么政府将陷于"无米下锅"的窘境,一切计划都将无法执行。

一、预算审议期限拖延的影响及原因

政府推动各项施政措施都需要经费的保障,经费的来源应以法定预算为依据,而预算案则经行政部门筹划、拟编并汇总成总预算案后向立法机关提交以启动审议程序。为了保证政府政策的推行,原则上总预算案应在会计年度开始前完成审议和公布等程序。但万一发生政治事件或突发事件,总预算案可能无法在会计年度开始前完成,这势必造成政府施政计划中断或行政机关瘫痪。国家的总体经济稳定和人民生活都将受到严重影响。

公共预算不能如期成立致使政府秩序大乱的最著名案例是美国联邦政府机关的数度停摆。美国联邦政府在1981、1984、1986、1990和1995年的预算审议过程中,都曾经历预算僵局,以至于政府总预算未能全部及时通过,政府部分机构被迫停止运作。其中1995年的政府运作停摆长达近一个月,创下了联邦政府关门的最长纪录。又如,由于民主党的州长和由共和党控制的州参议院之间在公共预算问题上无法达成一致,美国宾夕法尼亚州州长2007

年7月8日晚下令州政府不得不暂停一大批服务项目,并将1/3的工作人员置于无限期无薪休假。次日起,宾州政府暂停举行申办驾照测试,州立博物馆也将关闭。此外,高速公路维护、一大批审批和发放许可证的服务也暂停,就连州政府大楼圆顶上的灯也不得不熄灭。① 局部性的关闭政府机构虽然未必造成严重的国家安全危机和经济衰退,但是国家机关无法正常工作所带来的不能正常为人民办理日常事务,引起诸多不便,造成民怨沸腾。

美国联邦公共预算无法及时成立的原因,主要来自于立法审议方面的阻碍,包括立法(议会)与行政(白宫)之间的争执冲突以及参众两院意见的不调和,导致议会审议程序陷于冗长无度甚至完全搁置预算审议,使得预算僵局无从解决。

除了立法议定方面的障碍之外,行政方面的责任也会造成公共预算不成立:一是行政机关的预算编制拖延时日,没有具体的预算案可以及时提交立法部门审议;二是国家发生重大事故,所以无法及时编制预算案。不过,这些属于行政编制方面的障碍极为罕见。世界各国预算不成立的个案,大多与美国一样,源于立法审议方面的冲突和拖延。

二、期限内未完成预算审议的补救措施

预算不成立的原因与影响既已明了,我们自然要谋求救济的办法,以免公共政策与政府事务陷于没有经费保障的尴尬。为了能顺利推动政务,有必要设计补救预算案审议未能如期通过的方

---

① 参见《美国宾州政府部分关闭 上万人员无限期无薪休假》,http://news.sohu.com/20070710/n250974868.shtml,2013年10月25日访问。

法和制度,以便一旦有预算迟迟无法完成时有所应对。世界各国因政治、社会背景和传统惯例不同,对于预算不成立的补救措施规范也有不同。基本上,各国有关预算不成立的补救办法大致可以归纳为两大类:

第一类是临时议定补救办法。当法定预算未能及时产生,而在法律上并无明文规定时,行政部门可以先行动支预算,再由立法部门临时拟订补救办法。例如,美国在预见预算案无法如期完成审议时,就由议会对不允许迟延支付的经费按照以往经费的对象和标准先作一个临时预算,以紧急岁出预算法案的方式,经议会参众两院共同议决成立。当预算不能在当年10月1日会计年度开始前及时通过时,必须由议会做成"继续拨款法案",再经总统签署之后,提供暂时动用国库经费的法律依据。不过,当必须以补救办法维持政府的暂时运作时,大多数情况下是因为行政与立法机关之间已经产生了严重冲突,立法机关甚至经常采取拖延战术迫使行政机关屈服,在这种情况下指望立法机关积极地采取补救措施,实际操作起来很难成功。

第二类的补救途径就是执行"临时预算"。所谓"临时预算",有的是直接延长上年度的预算,即当会计年度已届满而新预算尚未议决完成时,继续执行上年度的旧预算。不过,因为国家政策、岁入多寡以及人民的需求年年不同,所以政府的所有支出都延用上一年度的标准,往往不是"量体裁衣",而是"削足适履",因此当今发达国家已经很少延续上年度的预算作为临时预算。英国则以"假预算"的方式处理这类问题。通常内阁在前年度的11月前后向议会提出"假预算"的额度,其数额约为前年度预算额的45%,请求议会承诺以避免政府施政经费中断。

德国模式的临时预算是在原总预算案尚有一部分未能议定的情况下,在会计年度开始之初就可以直接将已议定完成的部分和无须议定的部分,先行交由行政机关执行;等新的预算完成审议后,再废止临时预算或"假预算"。《德国基本法》第111条第1款规定:"如果到一个会计年度结束时,法律尚未确定下一年度预算计划时,联邦政府在预算计划生效前有权给付为下列事项所必需的一切支出:(a)为维持依法设立的机构和实施依法决定的措施,(b)为履行合法创设的联邦的义务,(c)只要上一年的预算计划已批准拨款,金额就应继续给付,如建筑工程厂购买设备和其他给付,或为此目的继续给予补助金。"这个规定可以使法律承诺的支出、国家公债信用和政府业务避免成为预算争议的牺牲品,即以宪法或法律明确规定政府在预算案未能及时通过时,政府有权动支必要的经费来维持上述三种支出。

立法机关恶意阻挠公共预算的危险性不容忽视,针对于此,《德国基本法》才作了上述规定,以防止这种情况发生。《德国基本法》直接明确授权的规定,既可以避免议会滥权,使国家机器发生"停机"的危险,也使前一年度的预算执行不至于落空。在各国此类立法中,德国模式的临时预算是比较理想的,值得我国学习借鉴。

第六章 预算制度与廉政建设

第一节 预算制度的廉政功能

一、公共预算制度的反腐败机制

政府的职能范围主要存在于市场失灵的领域,其中一项重要的职能是公共物品和服务的提供。在现代社会,公共产品的提供往往体现在政府的施政计划上,所以政府职能的边界最终体现在政府的施政计划上。但是,因为政府的施政计划是由政府自身制订的,政府拥有绝对的自主权,从寻租经济学的角度看,政府容易产生主动设租的行为,这就为官员的寻租和腐败活动创造了条件。鉴于此,政府职能的边界就不应当由政府自身来决定,而应当由社会需求和公民偏好来决定。因为那些不能由市场和社会提供的公共物品和服务的最终消费者是公民,这些公共物品的规模和数量都取决于公民的需求和偏好。公共预算本身是对公共财政资源的分配计划,公共预算是一种记录工具,具有"显示器"功能。当所有的资金都纳入预算管理,预算便能够涵盖所有的公共资金,且在制定时能够保持精细性。当执行结果可以真实地向代议机构和普通公民公开时,公共资金的使用将被导入一个规范化的制度轨道。

更为重要的一点是,政府的任何活动都离不开资金的支持,政府履行职责过程中所消耗的公共资财全部来自于社会。用一句通俗的话来说就是拿别人的钱来为别人办事。公共选择理论有一个基本的观点,即政府官员也是一个"经济人",也会追求既定条件下自身利益的最大化。丹尼斯·缪勒就谈到:政府机构及其成员都有自身利益最大化的动力,政治家追求选票,而官僚追求预算最大化。[1]

官僚及官僚机构对预算最大化的追求会导致政府开支膨胀,造成社会资源的极大浪费。因此,官僚及官僚机构的收支行为如果不加以外部控制,政府理财中的低效、挥霍浪费、腐败就难以避免。直接掌握政府财政资源的人,熟悉政府资金管理的程序,也更容易发现资金管理的漏洞,从而更方便利用这些漏洞以权谋私,获取政府资金。经济学家弗里德曼在《自由选择》一书中,以花谁(别人还是自己)的钱、给谁(别人还是自己)办事为依据,建立了一个很有影响的分析资金使用效率的模型。在该模型中,花别人的钱给别人办事的资金使用效率最低。政府官员对公共资金的使用显然是属于花别人的钱给别人办事的情形,在此情形下,如果不对资金使用进行必要监督和控制,资金使用效率之低将难以想象,而其中的浪费与腐败也将发展到极致。

要把政府收取的各种资金纳入预算,政府对预算资金的使用计划需要获得人民或其代表机构的审查、批准,资金使用的具体情况也由人民及其代表机构加以严密监督,这有利于在很大程度上遏制政府资金使用中的腐败。公共预算及预算机制在实践中的采

---

[1] 参见〔美〕丹尼斯·缪勒:《公共选择》,王诚译,商务印书馆1992年版,第83页。

用,可以说是人类社会同腐败现象作斗争中的重大发明,对遏制财政领域的腐败起到了积极效果。比如,在英国,历史上财政资金使用中的腐败曾经十分严重,"预算制度形成的最大贡献是解决财政腐败问题。18 世纪中期之前,英国各种各样的财政腐败是触目惊心的。进入 18 世纪中后期,议会通过预算控制财政,大体上杜绝了腐败。到 19 世纪,财政腐败已成为偶然的例外"[①]。在美国,20 世纪初的预算改革运动对一度猖獗的腐败现象起到的遏制作用,早已为财政学界和廉政研究界所公认。在当代,参与式预算作为预算民主实现的一种新形式,巴西以及其他国家的实践证明,参与式预算能够保证公共预算决策的公开性和透明度,使公民增强对政府及其事务的了解,强化对政府及官员行为的监督,从而抑制和消除以权谋私等腐败。

那么,为什么对预算的管理和控制能够有效治理和预防腐败呢?预算制度的反腐机理在于:第一,政府活动离不开资金支持,控制了预算,就是抓住了遏制政府腐败的核心领域和关键环节;第二,预算民主通过对预算决策环节的民主参与、审查,对预算执行环节的严密监督,能够保证公共资金的合理使用,从而起到遏制腐败的作用。

政府的权力行使活动离不开资金使用,在民主政治时代,如果政府手中无钱,那将寸步难行。"金钱是政治的母乳"这句话常常被用来批判资本主义国家资本对政治的过分干预或政治对金钱的依赖,但其实在一定意义上说,任何国家的政治和政府管理活动,都离不开资金的使用。因此,通过预算对政府手中掌握的资金及

[①] 焦建国:《英国公共财政制度变迁分析》,经济科学出版社 2009 年版,第 168 页。

其使用加以控制,就成为制约政府权力的关键性途径。"预算可以通过将权力限制在适当的范围以及将权力公开分配到特定的部门,从而消除腐败。"①

公共预算制度本身内含了公共权力对其的一种控制,也即需要通过权力机关的审批才能生效。当今时代,没有哪一个政府的生存可以不用征集和使用金钱,对金钱的权力事关政府的心脏,如果不能把握"钱袋",那么民众就失去了监督政府的工具。所以,公共预算制度能够通过其内在的公共权力审核机制来确定政府职能的边界,消除那些因政府越位而产生的腐败,预算制度内含的公共权力控制性使得政府的收支活动最终受到代议机构的审查和监督,这也间接地决定了政府活动的范围及活动的过程。任何超越职权或者过程违规的腐败行为都将受到制约。

预算制度特别是其中的预算民主制度的有效运转,一方面可以使行政官员必须向公众及其代表明确陈述他们将要进行的管理与服务活动,并解释为什么要进行这些活动。因此,通过审查政府的预算,公众及其代表就可以判断政府的特定活动是否必要、所需成本是否合理,从而作出同意或者否决该预算安排的决定。另一方面,在预算执行过程中,成熟的预算民主可以运用有效的途径和手段监督政府的预算执行情况,防止政府官员滥用财政权力以权谋私。这样,预算制度就成为一个非常有效的、对政府权力的使用进行监督和约束的控制制度。

对于预算制度的反腐机理,有学者这样概括:"政府的每一项

---

① 〔美〕乔纳森·卡恩:《预算民主:美国的国家建设和公民权(1890—1928)》,叶娟丽等译,格致出版社、上海人民出版社2008年版,第60页。

职能活动都离不开收支,而政府又是非盈利的,其收支均来自向社会的提取,如果能将政府的每一项收支都纳入预算,同时,附上与之相对应的政府活动的理由和信息,并向社会公开,那么,只要监控政府预算的编制和执行,就能监管政府行为和公权力的运用,简言之,就是通过规制政府取财用财的行为来防治腐败。"① 当前,遏制腐败、构建廉洁政府成为政治建设的重要任务,在这一背景下,我们无论如何也不能忽视预算民主的廉政功能。

二、预算制度建设应成为廉政建设的重要内容

改革开放以来特别是20世纪90年代末以来,我国公共预算改革取得了明显成就,但客观地说,公共预算制度建设仍然是当前国家制度建设的薄弱环节。按照公共预算的理念和发达国家的经验,预算及支出须由代议机关审查、批准,预算执行须接受民众或其代表的严密监督;政府所有部门的预算应该统一到作为一个整体的公共预算之中;预算安排的开支必须明确、详细到每一项采购或支出的明细清单;公共预算应该通过合适的、便于民众了解和查询的方式向社会公开;没有列入预算的项目不能开支,预算列支的资金不能挪作他用。但我国的预算过程在上述诸多方面都存在明显问题,从反腐败的角度看,现行预算制度、财政制度存在较大的腐败隐患。这些隐患主要在于:预算归一化管理并没有实现,存在大量的预算外资金、制度外资金;预算编制较为粗糙,没有细化;预算审议和批准流于形式;预算执行弹性空间大、随意性大;预算公

---

① 郭剑鸣:《从预算公开走向政府清廉:反腐败制度建设的国际视野与启示》,载《政治学研究》2011年第2期。

开力度不够,预算透明度差;预算监督乏力,预算问责有明显缺陷。①

这些隐患的存在,为腐败分子提供了大量腐败机会。从审计署每年发布的审计公告,我们可以发现预算失规现象普遍存在,同样的预算失规现象年年发生,甚至同一部门连续或多年"榜上有名"。和预算相关的腐败的广泛存在,说明了加强预算控制的紧迫性和重要性。这种预算控制,既包括对财政及政府系统的内部控制,也包括对财政及政府系统的外部控制。

预算民主就是一种有效的外部控制,它通过将政府全部的收支行为置于人民及其代表或代议机关的监督之下,力图确保公共预算能够实现公共责任。我国当前预算失规现象的普遍存在,其重要原因就在于我国的预算民主还处于起步阶段,还不成熟。因此,在下一步的廉政建设中,强化预算民主是推进廉洁政府建设的重要内容。

反腐倡廉重在制度建设。谈到反腐倡廉的制度建设,不少人都认为要通过制度创新建立起公职人员对腐败的"不想为""不能为""不必为""不敢为"的反腐机制。在这"四不为"的机制中,"不想为"的反腐机制如果能够建立,对腐败的遏制是非常有利的,但关键是公职人员也是"经济人",必然有对名、利、权等的追求,在制度不健全、腐败机会较多且风险相对较小的情况下,通过思想教育来预防腐败未必有效。从现实看,思想道德教育对腐败的遏制效果并不理想。而"不必为"的反腐机制在我国政府机构臃肿、冗员很多,且我国仍属发展中国家,政府财力并不充裕的情况下,其可

---

① 参见李一帆:《现行财政体制的腐败隐患》,载《瞭望新闻周刊》2005年第7—8期。

行性是大有问题的。更何况这种类似"高薪养廉"的主张在逻辑上有一个根本性缺陷：相对于腐败的巨额收益而言，相对于人的贪欲而言，再高的政府薪金也是一个小数目，是难以满足其私欲的。因此，反腐败制度创新的重点，需要放在"不能为""不敢为"的反腐机制上。以预算民主为核心的公共预算制度建设，正是这样一种使公职人员"不能为""不敢为"的反腐机制。从理想角度看，刚性的、严格的预算约束和控制，将使想腐败的人也无机可乘；而预算的透明化以及严密的预算监督和问责，则使人不敢去腐败。

由此可见，要构建"不能为""不敢为"的反腐机制，必须推进预算民主，深化公共预算改革。

第二节 预算制度对廉政建设的意义

一、预算法治是经济发展、政治稳定的重要条件

从本性上说，市场经济要求政府预算法治。预算是立法机关制衡行政机关的关键手段之一，也是社会不同利益集团相互博弈、相互妥协、相互制约的重要领域。通过立法机关所确定的预算计划，约束和规定着政府的财政收支，进而对政府活动给予了强有力的约束和监督，以保证国家能够在相对稳定的环境中发展。预算法案的实质，是以法律形式确定了公众与国家及其政权机关的财政分权与制衡内容。正是依靠预算法治这一有力武器，西方国家完成了从自然经济的家计财政向市场经济的公共财政的转化。

政府作为社会治理者，自诞生时起，就具有自我扩张的欲望和意志；在极端情况下，本为处理和化解社会矛盾而降生的政府，甚

至完全可能异化为激化社会矛盾、诱发社会对抗的主体,这种异化最终甚至会导致政府的垮台和政权的灭亡。我国历代王朝在国家治理中的失败,几乎都可以说明这一结论。政府同时又是市场经济的重要参与者,能够有力地调控经济资源的配置以及社会总的需求和供给,在现代经济中发挥着不可小视的作用。即使是号称市场化程度最高的发达国家,其预算收入也占GDP总额的24%左右,[①]早已成为政府干预经济、调控市场的强大武器。

因此,如何实现政府干预和市场经济运行的平衡和协调,是市场经济环境必须妥善解决的重大问题。强化预算法治,一方面,可以限制政府的行动能力,努力防范政府横征暴敛、为所欲为,以免过度地占有经济资源、激化社会矛盾,确保政府施加在公众肩上的负担控制在社会可承受的范围之内;另一方面,政府预算的公开化和稳定性,能够向所有的市场主体发出明确的经济信号,形成有利于市场经济合理发挥作用的信息传递机制,通过财政政策刺激经济的健康发展。因此,预算法治,看似是对政府的限制及其自我限制,但其实恰恰印证了"有所不为,方能有所为"的古老箴言。

预算制度,正是依靠其法治性,先是对封建君主、之后是对资产阶级政府的财政权力进行了根本的限制与监督,成为公众得以约束政府行为的关键性手段。以此为起点,预算法治在保障了政府能够取得充分合理的经济资源实施统治活动的同时,也相应地防止了政府对于市场经济的过度干预、对民间利益的过度索取。政府干预历来如同一柄双刃剑,过犹不及。当前,我国作为一个致力于建设社会主义市场经济制度的国家,没有理由不努力建设良

---

① 参见王绍光:《安邦之道:国家转型的目标与途径》,三联书店2007年版,第14页。

好的预算制度。完全可以设想,如果我国建立了严格的预算法治制度,诸如乱收费、乱摊派、盲目建设开发区的行为是难以成气候的,"跑部钱进""权钱交易"等腐败行为也将得到有力遏制,将有利于我国走可持续的科学发展道路。

十分耐人寻味的是,人类社会发展史反复表明,完全不受制约的权力并不能给统治者带来更多的安全。专制君主往往妄图为所欲为,但结果是"水能载舟,亦能覆舟",暴君往往覆灭得更快速、更绝望。而近现代以来,随宪政的实施、法治的进步,政府受到的约束和控制日益增多。历史上,英国大法官爱德华·柯克甚至当面警告英王詹姆斯一世:"国王不受制于人,但受制于上帝和法律!"[①]可恰恰是英国,在建立立宪君主制度、确立议会至上原则之后,王室反倒因祸得福,时至今日安享荣华富贵。可见,正是因为受到了法治和民主的约束,立宪制度下的君主和民选政府,同历史上的专制独裁政府相比较,其稳定性不是削弱了,而是巩固了;其力量在一些方面的确受到限制,但却在另一些领域反倒增强了。历史的辩证法再一次显示了其严肃的逻辑。毫无疑问,严格合理的预算制度,固然是强加给政府的"紧箍咒",但最终的获益者不仅有公众,也包括国家、政府及官员自身,最终有利于经济的健康发展和社会的长期稳定。

二、预算国家有利于防治腐败

瓦尔达沃夫斯基的名言"若你不能预算,你如何治理"[②]道出了

---

① 转引自〔英〕丹宁勋爵:《法律的未来》,刘庸安、张文镇译,法律出版社2011年版,第349页。

② 转引自葛克昌:《国家学与国家法》,月旦出版社股份有限公司1996年版,第97页。

预算与治理之间的紧密联系。现代国家的实践表明,高效统一、能被有效监督的良好的公共预算制度是廉洁政府的必要条件。通过预算是发现腐败的有效手段,是查处腐败案件的重要方式,是预防腐败的重要手段。从宏观经济学的角度来分析,政府拥有支配资源的权力,而这极易导致"寻租"等腐败行为,对腐败的防治最有效的方法应该是将规制用人和规制用财结合起来,而预算国家就严格限定了资源分配使用的范围和方向,资源的每一次消耗都要有理由和根据,否则就是无效的甚至是违法的。预算国家从财政取用的途径实现了规制用财和规制用人的结合。[①]

离开公众监督的政府是危险的政府,因为政府很容易进行暗箱操作,而且极易发展成专制的政府。"绝对的权力导致绝对的腐败"[②],这句亘古不变的真理就是最好的阐述。汉密尔顿在美国建国初期曾指出:"确保议会对政府进行有效监督的工具中,掌握政府财政预算监督的权力被认为是最完善和最有效的武器,任何宪法利用这种武器,就能把人民的直接代表武装起来,纠正一切偏差,实行一切正当有益的措施。"[③]

拥有现代预算制度的预算国家以更理性、负责的态度来治理国家。现代预算制度使得这些预算国家开始建立起一个内在一致的预算体系,不仅将整个财政收支有机地联系在一起,而且将政府内部各个部分及其行动有机地联结起来,这使得国家治理开始以

[①] 参见郭剑鸣:《"规制用财":我国反腐败模式创新的方向》,载《探索》2009年第6期。
[②] 〔英〕阿克顿:《自由与权力》,侯健等译,商务印书馆2001年版,第342页。
[③] 〔美〕汉密尔顿等:《联邦党人文集》,程逢如等译,商务印书馆1980年版,第297—298页。

一个"内在一致的、互相联系的、统一的国家"的形式展开。通过代议机关审查和批准预算是人民及其代表对政府和国家进行监督制约、控制权力的一条重要途径。预算国家中全体公民都能对预算实行监督,在政府的所有行为都被公众看得一清二楚之时,再加上立法机关的控制,政府的行为便会规范合理,不合理地滥用、错用、挪用公共财政资金的行为都会得到纠正。公民通过对公共预算的解读,了解到政府决策的方向、政府行政行为的方式方法,而任何与预算不符合的收支行为自然就是违规、违法行为。公民自然就有监督、质询,提出批评建议的权利。通过对预算的监督,任何不符合当年预算收支的行为就会被完全"歇业",通过预算就能监督、规范政府的行政行为。公民的监督和问责会极大地促进政府规范自身的行为,确保公共财政资金的合理、合法、有效利用,向廉洁政府前进的道路更加畅通。

三、预算国家可以有效规制政府及其工作人员的行为

预算国家的核心价值为财政上监督政府及其工作人员的公权力行为提供了制度保障,预算国家严格规定了政府活动的方向与边界。同时,也强调了现代预算制度所要求的"无预算无支出"原则,不仅将政府内部各个部门及其行动有机联系起来,而且将财政收支有机整合起来,使国家各部分内在一致,互相联系,很好地实现了对政府各个部门的监督制约。[1]

预算就是政府活动的镜子,代议机关可以通过对预算的审批

---

[1] 参见郭剑鸣:《预算国家的思想发展、制度意蕴及其建设路径》,载《学习论坛》2009年第3期。

及监督来对政府权力的运行进行有效控制,进而规制政府及官员的行为。

从"经济人"理论的角度看,每个人都有为自己追求利益的潜在需求,而政府及其工作人员必然存在追求高薪水、额外收入、名望、权力和地位等需求和欲望,对各种利益的追求会让公务人员利用公共权力为自己谋取私利的同时也规避他们应有的责任。预算国家把规范公权力的边界与监督公权力运作相结合,依靠民主机制的取财、用财的方式,把政府的收支公开透明,暴露在阳光下,规范、制约了政府及其工作人员的行为,对其进行严密监督。

政府的预算要包含政府所有的支出和收入,统一在一本账里面。这就严格规定了政府的所有活动,不允许政府有任何预算之外的财政资金活动。希克曾说:"如果要看一个政府到底干了什么,只要看看政府的预算就可以了。"预算国家制度的建立把一个看不见的政府变成一个透明的政府,保障公民对政府及其工作人员的监督权。[1]

现代预算制度在保证政府合理用财的前提下,严格限制了政府税收上限,制约了政府征税权的滥用及扩张,防止政府的过度扩张,防治政府贪污腐败行为的发生。在财政支出方面,则严格限定各项支出的内容、方向及方式,这样能确保公共物品的有效供给,防止出现运用公共资金为己谋取私利的行为。预算国家在对行政人员使用公共财政资金方面加大了监督力度,公开了预算资金的使用途径及方向,同时对财政收入也进行严格审查监督,如此,国

---

[1] 参见徐阳光:《预算国家:财政法治的理想——源自美国的检验与启示》,载《环球法律评论》2009年第3期。

家的土地等资产以低于正常价格被出售的不正常现象也就不会出现,利用公职私用权力为自己、他人谋利的行为也会得到监督和控制,因为收入的不正常会反映在预算中,一般有常识的公民都能发现其中的猫腻。

预算法治将有力地促进政府转变职能,预算法治是塑造法治政府的有力手段。建立法治政府,已被确立为我国政府的基本目标。因此,严肃认真、科学合理地编制、审议、批准和执行预算,乃至追究执行预算不力的责任,是依法治国的一项重要内容。换句话说,政府在预算方面表现出的法治意识和能力,是衡量政府法治程度的主要标尺之一。一个视预算为儿戏的政府,同法治是不相容的。

历史一再证明,失去制约的权力必定要腐化。而制约与监督政府行为的重要手段,便是对政府财政活动的监督。赋税是喂养政府的"奶娘",没有相应的财政收入和支出,就没有政府及其活动的存在;控制了财政收入与支出,就控制了政府的"血液循环",从而具有从根本上决定和约束政府行为的能力。这样,预算法治使公众能够以政府预算为手段,有效贯彻自己的意志,确保政府按照公众的要求行事。这将强有力地使政府治理行为走向法治。特别是如果能够强化对预算执行责任的追究,迫使执行预算出现偏差的各级政府首长及其部门负责人承担相应的政治和法律责任,那么,诸如乱收费、乱罚款、乱建开发区的行为必然受到严厉打击,同时大大减少设租寻租、贪污腐败的空间。

随着我国社会主义市场经济建设的进展,税收、国有和集体土地收益、国有资产经营所得等,在整个经济中所占的比重非常大,对宏观经济、收入分配、社会政策等各个重要领域的影响也越来越大,这就迫切需要改革现有的政府预算制度,加速预算法治进程、公开预算信息,以引导市场经济和社会治理良性发展,从而使政府行为走上法治化的正确轨道。

一段时期以来,不少意见认为进一步深化改革,就要继续推进政府转变职能。但是,发人深省的是,转变政府职能为什么历二十多年、经多次改革仍然未能收到预期的成效?细究起来,倘若无米,巧妇也难以为炊;没有相应的物质资源作为后盾,政府同样无力越权行事。因此,政府转变职能不能仅仅止于头痛医头、脚痛医脚,而是要从完善预算制度开始,既保障政府部门履行法定职责的必要经济资源,又彻底切断政府部门越权、擅权、滥权的资金来源,严格限制其乱开口子、乱收费用。一旦彻底丧失了实施非职责范围活动的必要资金来源,政府部门职能不转变恐怕都是不可能的了。

四、预算法治能有效培养公众民主意识,树立法治信仰

预算法治的整个过程,必须依照法定程序,在阳光下完成,以人民看得见的方式使用好相应的预算资源。预算法治本身强烈要求程序正义,换句话说,像预算这类社会治理活动,不仅要力求至善,而且要以公众看得清清楚楚的方式力求至善。果真如此,这一过程将非常有利于培养公民意识,树立法治信仰。

传统中国的现代化和法治化,注定是一个复杂而坎坷的过程。时至今日,在大多数社会成员的头脑中,仍保留了极其深重的人治和礼治观念,法治意识相当淡漠。要从习惯于传统人治和礼治环境的社会成员转变为习惯于法治社会的公民,将遭遇巨大的"路径依赖"困境。如何使社会成员放弃比较熟悉的人治意识和人治信仰,确立新的法治意识和法治信仰,只有从实践中一步一步不断提高,因为"只有在水里才能学会游泳"。在这个问题上,任何政治浪漫主义的臆想、任何"一口吃个胖子"的企图都是不足取的。除非真理掌握在人民手中,否则,真理便不会发挥作用;同样,除非公民信任法律、服从法律,否则,法律也无从建立秩序。

正因为如此,预算由于涉及几乎每一个社会成员的切身利益,必定最为社会成员所关注。如果广大人民群众不仅能够了解预算的具体内容,还能了解和监督其编制、审议和批准过程,更有法定渠道对预算的执行进行有效监督检查,那么,广大人民群众必定会产生参与预算过程的浓厚兴趣和强烈动机,从而使人民有机会在参与预算过程中,持续不断地培养法治意识、确立法治信仰,使国家预算活动成为对人民进行法治教育的活的、持续不断的课堂。

可以说,预算法治化的过程,也是对公众进行法治训练、民主教育的过程。历史经验表明,预算从不够公开到比较公开,最终到完全透明,从缺乏法律权威到确立崇高的法律权威,从缺乏计划性到具备较高的计划性,从无法追究预算执行责任到能够严格追究预算执行责任,将需要比较长的时间,幻想一步到位是不现实的。但是,尽管如此,预算的不断完善过程、不断法治化过程,又恰恰是培养公民法治意识、确立法治信仰的过程。完全可以预见,预算法治化是一个国家推进民主政治和法治建设的必由之路,同时很可能还是最为经济、简便和稳健的途径,一句话,是依法治国的重要突破口和主阵地。

第三节　推进预算民主,构建廉洁政府

一、我国财政支出中的腐败原因与对策

在国务院召开的廉政工作会议上,时任总理温家宝曾强调,要推进财政预算公开,让老百姓清清楚楚地知道政府花了多少钱、办了什么事,才能够有效监督政府。可是,目前我们的财政资金支出存在三大痼疾:一是预算和采购没什么关系,二是预算的集约化和集权化不够,三是对采购缺少事后监督和审计。

现在的预算根本不叫预算,就是给各个部门划一笔钱,至于这个部门拿钱采购什么东西,按照什么标准来采购,预算部门基本无权过问。预算本来的目的就是要防止经手官员徇私舞弊,防止在采购过程中随意操作,而且"预算"二字的本来意思就是花钱之前预先算算账。可是,现在越到基层,预算越是走形式。连采购都管不了的预算,不是真正意义上的预算。

根据2008年审计署对中央49个部门2007年度的预算执行情况的审计,共发现26类预算失规现象,主要包括:不纳入预算管理;不及时清理结余预算;闲置预算;无预算支出经费;预算外收入;虚报预算;长期不办理决算;超预算使用经费;虚假报销、冒领、套取资金;不细化预算;挪用预算、公款(包括挤占公款和自行调整公款用途);预算收入(包括非税收入)不上缴;向非预算单位或个人拨款;不按收支两条线管理;公款私存(包括账外存款和公款转移)、公房私租、违规收费;向非预算单位借款、营利性投资;债务长期挂账;扩大开支范围或超范围支出;预算编制或申报不合理,导致大

量资金结余;违规列支费用;决算不实,资产、收入少计或多计等等。据不完全统计,涉嫌违规的各类资金高达251.44亿元。需要指出的是,中央部门是我国各类行政、公共事务管理机关的首善机枢,其预算编制、管理和执行情况应该好于地方,但仍然有如此多的违规之举,地方政府及其部门在这方面存在的问题自然更令人担忧。这些预算失规现象有的本身就是腐败行为,有的则成为孵化其他腐败行为的温床。

四川汶川地震以后,北川县政府打算通过政府采购中心购买越野车,其中就包括价值110万元的兰德酷路泽、62.6万元的丰田普拉多。但是,在发出采购招标后,网上民怨沸腾,议论很大,于是,北川县政府就决定不买了。当初搞预算的时候完全就是走过场,老百姓也不知道,结果预算已经把钱拨过去买车了,却又可以随便说不买就不买了。

打开政府采购信息网,到处都是各地方政府的招标信息,各地方政府自己规定投标人的要求和资质,还可以不公开投标者的信息。哪个单位想买东西了就上来发个信息,想买谁的东西就加一些苛刻条件限制一下。同时,目前公共预算下的采购都集中在办公设备等物资领域,在工程领域更多只是走走过场。另外,事业单位、国有企业,特别是经济职能部门的关联企业基本没有预算,也没有采购监督。

更严重的是,事后监督和审计简直形同虚设。比如动车腐败,审计署就是看铁道部是不是有招标、和车辆供应商之间是不是有合同,有的话就没问题,不会往下审了,根本不去查这个供应商是不是有问题,也不去查铁道部在认定自己定点企业的过程中有没有腐败。

在每年30万亿元的固定资产投资里,动不动就会有上亿元的腐败事件出来,比如说招投标腐败。就拿动车腐败来讲,据媒体披露,动车上一个纸巾盒就要1125元,一个自动洗面器竟然要72395元。后来经调查发现,这些大价商品的代理人都跟负责高铁项目的人有关系。比如说高铁上的集便器,其幕后的真正代理人就是高铁项目负责人的妻子。还有,高铁上的衣帽挂钩、灯罩、电路开关等配件的生产厂家是负责人家乡的企业。但从表面上看是没有问题的,因为他们是通过合法的招投标成为铁道部供应商的。

为什么会出现这么离谱的腐败呢?最根本的问题是预算体系和决策体系在招投标和工程项目上存在系统漏洞。就动车腐败来说,按照规定,要想成为铁道部的供应商,必须有两个资格:一是获得铁道部装备部的认可;二是经过中国铁道科学研究院的认证。而铁道部的某个官员在铁道部除了分管装备部之外,还是中国铁道科学院首席专家,抓质量监督。这意味着他一个人就握有决策权、标准权,还有问责权。

二、防止财政支出中腐败的外国经验

德国的经验特别值得借鉴,它把决策、标准、执行、问责四大环节切开得非常彻底。第一,每个财政年度开始前,德国联邦政府各部门根据自己需要提出采购计划,报送财政部审核并经议会批准后,成为法定的政府采购计划。第二,财政部把资金拨给申请单位,但是申请单位无权去买东西,而是必须把资金交给内务部,由内务部的采购部门与供应商签订合同并支付货款,办公用品、机动车辆都必须这样购买。第三,由德国的联邦反垄断局负责审查和监督所有的招投标活动,甚至拥有秘密监听、跟踪调查、查封证据这样一些检察院的权力,以此全力打击招标腐败和工程腐败。

实际上,效率高的政府都是通过切割工序流程来预防腐败的。比如美国联邦政府采购中,负责决策的是白宫直属的预算管理局OMB,负责执行的是联邦事务服务总局GSA,负责审计和问责的是国会领导的美国政府问责局GAO。在我国香港地区,负责决策的是政府总部的各局,负责执行的是各个署,而负责审计和问责的审计署只对特首和立法会负责。也就是说,都把决策、标准、执行、问责四大环节完全分开。

三、腐败的制约可以通过公共预算制度来实现

目前我国反腐败的路径忽视了从"财"的方面进行规制,忽略了对权力边界的约束,与规制用人相对应的是规制用财的反腐败模式,其对反腐败的制约主要是通过公共预算制度来实现的,因为公共预算制度本身蕴涵着反腐败的机理与机制。从公共预算制度的内涵来说,公共预算制度所包含的公共性体现在公共权力与公共财政两个方面,由于政府的活动离不开财政资金的支持,公共预算制度内含的公共权力控制性使得政府的收支活动最终都要受到代议机构的审查和监督,这也就间接地决定了政府活动的范围及活动的过程,任何超越职权或者过程违规的腐败行为都将受到制约。从公共预算制度的结构来说,公共预算制度结构中的预算编制、审批、执行、公开等单元本身就蕴涵反腐败的机制。如果能将结构中的每一个单元合理而有效地安排,将会在很大程度上限制腐败的发生。基于以上的理论基础,我们认为可以通过构建一种基于公共预算制度的反腐败模式来对现有模式进行补充。

以公共预算为核心的反腐败模式在反腐败过程中有着独特的

优势。由于反腐败工作的核心是有关于腐败案件的信息来源,但获取人活动的信息比获取财流动的信息要困难,而公共预算制度正是将资金流动的信息清晰地表示出来,这样可能存在的腐败活动就会通过预算案与执行情况的比对显示出来,也即为腐败提供了一个可显示的平台。这一反腐败过程需要有以下三种责任机制的保障:各部门预算公开形式责任、预算公开内容责任以及审计结果责任。预算过程中腐败往往与预算执行与预算案不相符有关,将公共预算公开是一种成本低、范围广的监督两者是否相符的方式。当在法律中明确规定了各部门预算公开形式的责任,详细说明了公开的时间、方式、内容、范围以及未能按规定公开将受到何种惩罚时,一旦哪个部门没有按照规定执行,其相关责任人需要为此承担责任。在这种机制的保障下,能够确保各部门按时公开本部门的预算执行情况。但是,仅有这一责任机制还不足以实现反腐败的目的,因为这种机制只实现了预算的公开,并不能保证预算的真实性,虚假的预算执行报告恰恰是腐败的"避难所",预算公开内容责任机制将能弥补上一机制的不足。当资金所流动过的地方都有迹可循、有底可查时,公民一旦对哪一项预算执行存有怀疑,即可通过对预算执行中的数据资料追根溯源,一一明了。当确认公开的预算执行与实际的预算执行不一致时,相关责任人将受到更严厉的惩罚。当然,这一机制还需要票据管理等制度的配套。公民对公开预算的监督在有着独特的优势的同时也存在监督不够专业的缺陷,需要一种更为专业的监督机制来实现对预算的后期监督,这就是审计部门的审计监督。当审计部门或隶属于人大或独立时,审计部门在对各部门的预算执行情况审计以后,对那些预算执行中出现问题的部门即可提出整改建议,并要求这些部门的责任人承担相应的审计结果责任。

如前所述,通过预防式和补救式反腐败过程的结合,通过各主体在每一环节运用各种机制来对预算过程进行规制,最终实现了反腐败的目的,完善了反腐败的模式。

四、公共预算制度的反腐败的具体路径

近年来,我国的预算民主有了较快发展,但预算民主建设仍然任重道远,需要大力推进。推进预算民主,需要在预算的决策、执行、监督等预算过程的各个环节上均衡发力,不留盲区和薄弱环节。

在预算编制过程中,精细的编制能够为后期预算的执行奠定良好的基础,从而对预算执行中的随意性实现了制约。预算的精确性包括以下几个方面:第一,证明某项预算的合规性和必要性所需要的依据要充足。第二,每一项目都要不断细化到最小的层次。比如法国预算编制具有非常细的科目,按照行政科目安排的预算,类级科目多达1100多条,细致到款级和项级科目数量更加巨大。第三,根据往年相对应的预算的执行结果绩效评定确定新的预算,避免以一个确定的比例在往年的基础上累加。

在预算审查过程中,长时间的、专业化的审查将会对一些不合规的预算提出改进意见,这一程序将对预算形成进一步的约束。一般来说,预算案的审查要经过长时间的辩论、听证和多次的修改才能最终确定。如在美国,参众两院各委员会、小组委员会都会在总统提交预算报告后,针对预算报告中自己职责范围内的部分举行听证会,听取公众(包括专家、媒体等)的意见,并根据收集起来的民意偏好对总统提交的预算报告提出修改意见。最终确定的方案也不一定能够获得通过,代议机构如果对修改后的预算还是不能够满意时,可能会否决预算案。否决预算案会造成严重的后果,在有些议会内阁制国家,政府的预算被议会否决会导致要么政府集体下台,要么重组议会。所以,考虑到可能产生的严重后果,政府在提交议会预算案之前一般会进行必要的"自律调控"。因此,在代议机构审议之前,政府自身也会对预算案有一个自我审查的过程,这一过程又在一定程度上加剧了腐败的难度。

从我国预算民主的发展现状看,预算决策、监督等环节的民主程度并不高,预算执行方面对民主的要求更为迫切,财政部门和政府的预算执行权力具有明显的封闭性,甚至不少人认为预算执行是一个纯技术性问题,预算民主等政治考量本来就应该排除在外。对这一观点,我们不妨引用艾伦·鲁宾的分析加以批判:"预算执行的重点在于按照通过的法案准确地执行预算,这就使得预算执行表面上看起来具有很高的技术性,成为政府官员和会计师们特有的领域,也缺乏政治内涵。实际上,预算执行也具有政治性,因为它可以调节预算中问责的程度,它涉及行政和立法之间政策控制的斗争,即使是最技术性的问题,诸如消除浪费、欺诈和滥用职权,都可以使预算执行成为政治活动的一部分。"[1]因此,预算民主也应该在预算执行环节中加以体现。

在预算执行和执行结果的监督过程中,第一,执行中的任何预算调整都需要代议机构的批准才能进行,这极大限制了预算执行中的随意性,保证了预算执行的刚性。与对执行结果的专业监督

---

[1] 〔美〕爱伦·鲁宾:《公共预算中的政治:收入与支出,借贷与平衡》,叶娟丽等译,中国人民大学出版社2001年版,第249页。

相比,预算执行中的监督是事前的、预防性的监督。在加拿大,在未获得国会同意的情况下,支出部门不能在不同拨款项目之间改变资金的用途,但可以在同一拨款项目内部重新分配资金,即便如此,各部门也不能随意改变特定的资本项目支出之间的资金配置。同样,在美国,不同预算账户之间调拨资金必须得到国会的同意,在同一账户内调拨资金只需得到国会相关委员会的同意。

第二,对执行过程的监督中,很多国家要求政府定期向议会提交预算执行报告,对于提交报告的次数,不同国家的规定不同,比如德国联邦审计院每月向议会报告预算执行情况,每三个月提交一次重要事项的超支报告。

第三,除了执行过程中的报告,政府各部门还需要向代议机构提交决算报告。决算报告一般包含预算执行的总体情况;预算执行过程中的调整及原因;与原预算进行的执行前后比较以及与前几个财政年度进行的年度之间的比较等。

第四,独立的审计部门对政府各部门的预算执行情况进行审计并提供审计报告。

通过以上四个方面的监督,预算在执行过程中的非正常偏离将受到有效的约束。

通过以上分析,我们可以在以下几个方面加大工作力度,推进预算民主的发展:

(1) 构建有利于预算民主发展的预算权力结构。这要求在制度上保证人大的预算主导权,建立以各级人民代表大会为核心的集中统一的预算编制、执行、监督结构。在我国预算运行的实际过程中,政府集预算编制与执行权力于一身,人大的预算审查权只具有程序上的意义,监督权也因为信息不对称而弱化。应该明确规定所有政府收支都必须纳入预算,由人大审查、批准,无预算政府就不得收支。应该赋予人大对预算的修正权,避免现行预算审查批准中要么全部通过、要么全部否决从而最终不得不全部通过的尴尬。要确保人大及人大代表对预算信息的知情权,同时也应该为人大在预算编制阶段开辟合适的参与及审查渠道。此外,应该明确和细化人大对预算违规行为的追责权,从而保证人大预算权力的刚性行使。

(2)强化预算监督。人大对预算资金运行的监督,是预算民主的重要表现,预算民主的核心内容就是要在预算编制、审批、执行各阶段对其进行全方位、全过程监督。当前人大对预算的监督存在不少问题,是"预算软约束"现象的主要原因。有从事人大实际工作的同志曾经把人大预算监督概括为"四多四少",即"对预算收支总体执行情况监督多,对具体支出项目监督少;对预算内资金监督多,对预算外资金监督少;对本级财政拨款监督多,对上级财政的专项拨款监督少;对经常性支出情况监督多,对重大建设项目预算的执行情况和决算监督少"[①]。实际上,预算监督薄弱的表现远不止如此,但仅仅这些也足以体现预算监督不到位的情况。要推进预算民主,就必须大力强化预算监督。我们要加强对预算过程的全面监督,加强对各种政府资金分配、使用的监控。在监督主体上,不仅要注重发挥人大的监督作用,也要调动普通民众、新闻媒体、非政府组织对政府资金分配、使用监督的积极性。同时,要把加强监督和强化问责密切结合起来,对发现的违规现象,要严肃查处,严厉问责。

---

① 转引自安训生:《地方人大工作的实践与探索》,中国长安出版社2004年版,第192页。

（3）努力推行参与式预算。参与式预算也是实现预算民主的一种好形式，值得大范围推广。为此，首先需要来自上级政府和中央政府对参与式预算的政治支持，没有这种支持，现在局部小范围的参与式预算实践将难以为继，更不用说推广了。其次，需要好好总结参与式预算实践的经验，并借鉴国外参与式预算的好做法，使参与式预算的运行更有效。再次，要拓宽公民参与预算的途径，根据各地情况推出吸引民众积极参与的新形式，如听证会、公民问卷、公民论坛以及网络参与等形式，都可以考虑积极采用，也可以借助一些地方性民间组织推动参与式预算，从而扩大参与的广泛性与代表性。

（4）推进预算公开，提高预算透明度。预算公开近年来成为一个热门话题，在社会强烈的呼吁声中，我国预算公开也迈出了蹒跚步伐。有点矛盾的是，对预算公开的价值和意义似乎已经没有疑义，但从公共预算公开的现状看，推进预算公开的政治决心还有待坚定。从 2010 年开始，中央政府各部门公布了部门预算。当年报送全国人大审议预算的 98 个部门中，有 75 个公布了部门预算。此前一些地方政府也开始公布预算。几年来的预算公开实践，让人们看到了我国政府在预算公开方面的进步，但这种公开仍然过于粗略，有形式化之嫌。概言之，我们在预算公开的内容、方式、质量等方面都还有很多工作要做。预算公开的内容，应该包括预算依据的背景材料、信息的公开，预算编制、审批、执行、变更、决策过程的公开，预算批准内容的详细公开。预算公开的方式应该以方便民众为原则，注重预算信息披露的清晰性、真实性和全面理解性。我们应该按照这些要求，采取得力措施，健全预算公开内容，改善预算公开形式，提高预算公开质量。

腐败的防治是一项系统工程，不是靠某一个机构、某一项或少数几项措施就能够成功的，而是需要政府与社会各方面共同努力，需要综合考虑政治、法律、经济、文化等多方面的措施。著名反腐败研究专家杰瑞米·波普就谈到："一考虑治理欺诈和腐败，人们通常就会立刻想到利用法律和监察机制来加以惩治。然而，这只是最简单的一个办法，它所能实现的，最多只不过是通过实施严格的法律和严厉的制裁措施，给人带来一种'感觉良好'的光环——然而，环顾世界，这些行动却少有取得成效"，"最为有力的反腐败机制就是建立起一套良好的财务管理制度"。[①]

我国反腐败形势仍然严峻的一个重要原因就是财政管理制度和技术的落后，使得波普所说的"最为有力的反腐败机制"未能充分发挥其反腐功能。"为政之要，重在理财。"作为社会主义国家的政府，其理财之要，不仅在于科学理财，也在于民主理财、廉洁理财。预算民主是民主理财、廉洁理财的应有之义，是保证"干部清正、政府清廉、政治清明"的必由之路。

---

① 〔新西兰〕杰瑞米·波普：《制约腐败——建构国家廉政体系》，清华大学公共管理学院廉政研究室译，中国方正出版社 2003 年版，第 314 页。